마거릿 대처

시장경제로 영국병을 치유하다

차례
Contents

03영국을 시장경제국가로 살려낸 철의 여인 05대처의 생애: 태어나서 수상 사임까지 22대처의 통치철학: 대처리즘 39대처의 구조개혁 72대처가 우리에게 주는 교훈

영국을 시장경제국가로 살려낸 철의 여인

마거릿 대처 전 영국 수상은 수상직을 세 차례 역임하면서 (1979.5.4.~1990.11.22.) 영국병에 찌든 영국을 시장경제국가로 살려냈다. 마거릿 대처는 초대 수상 로버트 월폴 경부터 현 수상 고든 브라운에 이르기까지 280여 년 동안에 배출된 56명의 수상 가운데 이름 다음에 'ism'(주의)이 붙는 유일한 수상이다. 그래서 마거릿 대처 수상의 통치철학은 '대처리즘Thatcherism'이라고 불린다. 이는 마거릿 대처 수상이 얼마나 위대한 정치지도자였는지 보여주는 증거다.

마거릿 대처는 로널드 레이건 전 미국 대통령과 함께 냉전을 종식시키고 자유세계를 건설하는 데 크게 기여했다. 특히 마거릿 대처는 대처리즘을 통해 1980년대부터 세계가 나아가야 할 방향을 제시한 정치지도자다. 마거릿 대처가 집권과 동시에 추진한 구조개혁이 성공을 거두자 규제공화국 뉴질랜드가 1984년부터, 바로 뒤이어 아일랜드가 1987년부터 마거릿 대처의 길을 따랐다. OECD는 이 과정을 지켜보면서 1990년 「구조개혁의 진전」이라는 보고서를 출간해 회원 국가들에게 마거릿 대처의 길을 따르도록 권고했다. 수많은 구 사회주의 국가들이 오늘날 한결같이 시장경제를 채택하고 있다는 사실 또한 대처리즘이 사회주의 붕괴에도 기여했을 것으로 생각하게 만든다. 여기에다 2000년대에 들어와 대처리즘은 독일, 스웨덴, 프랑스 등이 시장경제를 옹호하게 만드는 데에도 기여했다. 앙겔라 메르켈 독일 총리는 '제2의 대처'로, 니콜라 사르코지 프랑스 대통령은 '바지 입은 대처'로 불리고 있다.

마거릿 대처는 이처럼 세계역사를 사회주의에서 시장경제로 바꿔놓은 정치지도자다. 한국이 김대중 정부와 노무현 정부에 들어와 반시장경제 쪽으로 기울어져 왔다는 사실을 감안할 때 한국의 정치지도자들은 대처리즘을 배워야 한다. 이 책의 목적은 한국의 정치사회에 대처리즘이 주는 교훈을 알리려는 데 있다.

대처의 생애: 태어나서 수상 사임까지

마거릿 대처는 강직하고 소신 있는 정치지도자다. 마거릿은 사업과 종교와 정치에 열중한 아버지의 영향을 받고 자랐다. 마거릿은 한 자선단체에서 화학을 공부한다면 학비를 보조해 주겠다는 제안을 받고 옥스퍼드대학 화학과에 입학했고, 정치가가 되기 위해 대학 입학 7년 후에 변호사가 되었고, 우연히 영국 최초의 여성 보수당 당수가 되었으며, 끝내는 영국 최초의 여성 수상이 되었다. 마거릿 대처는 1979년 5월 4일 다우닝가 10번지의 주인이 되어 수상직을 세 차례나 역임하다가 1990년 11월 22일 임기 반 년 여를 남겨놓고 수상직을 떠났다.

신앙이 바탕이 된 가정교육

마거릿 대처는 1979년 5월 4일 수상관저에 발을 들여놓는 순간 이렇게 말했다.

"내가 선거에서 승리한 것은, 그리고 선거 때 호소한 것은 모두 어렸을 때 아버지가 제게 가르쳐 주신 것이었습니다." (Gardiner, 1975)

마거릿은 1925년 10월 13일 영국 중부지방의 랭커셔주에 있는 인구 3만 명의 그랜덤이라는 곳의 한 중류층 가정에서 알프레드 로버츠Alfred Roberts와 어머니 베아트리체Beatrice 사이에 둘째 딸로 태어났다. 알프레드는 6형제 중 장남으로 태어나 당시의 관습에 따라 대대로 이어져 오던 구둣방을 경영하기로 되어 있었다. 그러나 그는 시력이 나빠 가업을 이어받기가 어려웠다. 그는 13세에 학업을 마치고 식료품점 점원이 되었다. 베아트리체는 철도원의 딸이었는데, 아름답고 애교 있고 친절하고 일 잘하는 처녀였다. 베아트리체는 집 근처에서 양장점을 운영했는데 양재기술이 뛰어나 평판이 좋았다. 제1차 세계대전이 일어나기 직전 알프레드는 베아트리체와 결혼했다. 얼마 후 그들은 예금을 인출해 3층집 식료품점을 샀다. 거기에서 마거릿보다 4살 많은 큰 딸 뮤리엘과 마거릿이 태어났다.

알프레드 가족은 감리교를 믿었다. 알프레드 가족의 일요일

신앙생활을 보자. 아침 식사가 끝나면 딸들은 곧바로 주일학교에 갔다가, 교회예배에 출석해 부모님과 만난다. 집에서 점심을 먹고 딸들은 다시 주일학교에 간다. 그 사이 마거릿의 어머니 베아트리체는 여분으로 구워둔 빵과 케이크를 가지고 가난한 사람들을 찾아다닌다. 오후 늦게 돌아온 가족은 다시 한번 교회예배에 나가고, 알프레드는 요청을 받으면 청중 앞에 나아가 설교한다. 예배가 끝나면 교회 사람들과 동네 사람들은 알프레드의 집에 모여 저녁을 먹으면서 늦게까지 얘기를 나눈다.

알프레드는 정치에 관심이 많았다. 그는 본래 교사가 꿈이었지만 가난해서 꿈을 이룰 수 없었다. 그는 마거릿이 네 살 때 무소속으로 시의회 의원에 입후보해 당선되었다. 훗날 보수당을 택한 그는 이후 30여 년간 그랜덤시의 정치에 관여했으며, 재정위원장과 보좌역을 거쳐 시장으로 선출되었다. 마거릿의 소녀시절, 알프레드는 사업과 종교와 정치라는 세 가지 일에 정력적으로 매달렸다. 이러한 분위기에서 마거릿은 아버지의 무릎 위에 앉아 사업과 종교와 정치에 관한 어른들의 얘기를 들으면서 자랐다.

보람찬 학교생활

다섯 살이 되자 마거릿은 그랜덤시립 케스티븐초등학교에 들어갔다. 초등학교에서 마거릿의 성적은 매우 좋았다. 마거릿은 입학 전부터 책을 가까이 했기 때문에 한 학년을 월반해서도 계속 1등을 차지했다.

열 살이 되면 상급학교 진학을 결정해야 했다. 부모는 마거릿을 큰딸 뮤리엘이 다니는 케스티븐여학교에 보내기로 했다. 케스티븐여학교는 우수한 학생들이 많아 대학 진학률이 높기로 유명했다. 케스티븐여학교에서도 마거릿은 우수한 학생이었다. 학년 말에는 언제나 학급수석이었다. 미술에는 소질이 없었지만 노력해서 나쁜 점수는 면했다. 마거릿은 특히 웅변에서 능력을 발휘했다.

열여섯 살이 되면 진학을 원하는 학생들은 대학에 입학하기 위해 자격시험에 합격해야 했다. 시험은 아주 어려워 방대한 문제집을 봐야 했다. 열여섯 살이 되자 마거릿은 대학입시 공부에 들어갔다. 마거릿은 지기 싫어하는 기질 때문에 옥스퍼드 서머빌칼리지 장학생을 목표로 삼았다. 마거릿이 교장 기리스 여사에게 자기의 목표를 밝혔을 때 교장은 불가능하다고 말했다. 무엇보다도 대학입학자격시험에 합격해야 했고, 그리스어와 라틴어를 공부했어야 했다. 그런데도 알프레드는 딸을 격려하면서 뒷바라지를 잘 해주었다.

옥스퍼드 장학생 시험은 겨울이 끝날 무렵 서머빌칼리지에서 봤다. 시험은 학과시험과 구두시험으로 치러졌다. 마거릿은 지금까지 배운 모든 지식을 총동원해 시험에 도전했다. 마거릿은 목표로 삼은 장학생으로 선발되지는 않았지만 옥스퍼드대학 입학 허가를 받았다. 장학금 전액 수급자는 전 해에 옥스퍼드대학을 지망해 실패했다가 그 해에 합격한 여학생이었다. 그런데 마거릿은 어느 자선단체에서 만일 화학을 공부한다면 필요한 학비의 일부를 보조해 주겠다는 제안을 받았다. 마거릿은 기뻤다. '대망의 옥스퍼드대에 들어간다. 이 멋있는 대학촌에서 귀중한 청춘을 보낼 수 있다니!' 그녀의 눈앞에 장밋빛 꿈이 활활 타올랐다.

대학생활은 흥미로웠다. 그러나 가장 큰 흥미를 끈 것은 아버지를 통해 알게 된 '정치'였다. 그녀는 옥스퍼드 보수당 학생회에 가입해 학생회 모임에 빠짐없이 참석했다. 유명한 정치가들의 순회강연에도 열심히 참가했다. 1945년 8월 전쟁이 승리로 끝날 무렵 옥스퍼드대 출신의 퀸틴 호그 위원이 초청받아 연설했다. "다음 선거에서 보수당이 정권을 잡으면 노동당 정부가 시행하고 있는 가혹한 통제를 버리고 자유경제 실현을 지향할 것입니다. 우리는 이를 위한 돌격대입니다." 이때 마거릿은 정치와 경제의 깊은 관계에 흥미를 갖게 되어 경제에 관한 책을 열심히 읽었다. 그 가운데 대표적인 책은 하이에크가 1944년에 쓴 『노예의 길』이었다. 이 책은 인간을 노예로 만들게 된다는 사회주의를 비판한 책이다.

마거릿은 3학년이던 1946년 10월 학생회 회장 자격으로 블랙풀에서 열린 보수당 전국대회에 처음으로 참석했다. 이는 전국에서 찾아든 남녀노소 당원들이 처칠을 비롯한 당 지도자들과 한자리에 모여 당의 단합을 다진 대회로 마거릿에게 큰 감동을 주었다.

보수당 전국대회를 마치고 옥스퍼드대로 돌아온 마거릿은 화학학위 취득에 필요한 논문작성을 위해 1년간 연구에 몰두했다. 이 때 마거릿은 졸업 후에 법률을 공부할 계획을 세웠다. 이듬해 마거릿이 제출한 논문 「X선 결정학結晶學의 연구」가 대학상에 뽑혔다. 학년말 성적은 2등이었다. (Gardiner, 1975)

데니스 대처와 결혼

마거릿은 졸업을 앞두고 1948년 옥스퍼드대 학생회 대표로 보수당 전국 대회에 친구 그랜트와 함께 참석했다. 이 대회에서 마거릿은 다트포드 보수당 지부장인 밀러 목사를 만났다. 이를 계기로 마거릿은 하원의원에 입후보하게 되었다. 겨우 24세의 나이에 정계 진출의 기회를 얻게 되리라고는 그녀 자신도 전혀 예상하지 못했다.

해가 바뀌고 1949년 초, 마거릿은 다트포드 보수당 지부에서 초청장을 받았다. 후보자 적성을 심사하기 위한 것이었다. 심사기준은 선발위원들의 질문에 어떻게 명석하게 대답하는가 였다. 마거릿은 간단명료한 대답으로 위원들에게 감명을 주어 후보자로 선정되었다.

그날 밤, 지부 간부들을 위한 만찬이 있었다. 호스티스를 맡은 어떤 부인이 남자의 도움이 필요했기 때문에 남편의 친구인 데니스 대처를 불러 도움을 받고 있었다. 데니스는 지부 당원이었으나 사업상 런던에서 살고 있었다.

만찬이 끝났을 때 호스티스를 맡은 부인이 물었다.

"마거릿, 콜체스터까지 어떻게 돌아가려고 합니까?"

"기차로 갑니다."

그때 옆에서 듣고 있던 데니스가 가로막았다.

"제가 런던까지 모셔다 드리지요."

마거릿은 그의 제안을 흔쾌히 받아들였다. 이렇게 해서 두 사람은 처음으로 만나게 되었다. 이때 데니스는 36세였다. 그는 키가 훤칠한 스포츠맨 타입으로 성품도 시원시원했다. 그는 한 수출회사의 주주였다. 그는 마거릿의 선거운동을 열심히 도왔다.

1951년 9월 마거릿이 다시 입후보해 선거운동을 열심히 시작할 무렵에 데니스는 친구와 함께 떠난 스페인과 프랑스 자동차 여행에서 돌아오자마자 마거릿에게 프러포즈했다.

"내가 아내로 맞을 여성은 당신 말고는 달리 찾을 수가 없소. 여행 중에 골똘히 생각한 끝에 얻은 결론이오. 마거릿, 결혼해 주시겠소?."

"기뻐요, 데니스."

마거릿은 쉽게 승낙했다.

선거도 끝난 1952년 12월 13일, 데니스와 마거릿 두 사람은 런던의 웨즐리 교회에서 국교파國敎派의 예법에 따라 결혼식을 올렸다. 데니스는 1942년에 결혼했다가 4년 후에 이혼한 경험이 있었다. 마거릿은 남편의 결혼 경력 때문에 그 날 흰 드레스는 입지 못하고, 어린 시절부터 좋아한 현란한 암청색

의 벨벳 드레스를 입었다. (Gardiner, 1975)

데니스 대처는 2003년 6월 25일 향년 88세로 세상을 떠났다. 그는 결혼 후부터 아내를 위해 헌신적으로 봉사하고 사랑을 베푼 남편으로 잘 알려져 있다. 데니스 대처는 1979년 5월부터 1990년 11월까지 아내가 영국 수상으로 재임할 때 훤칠한 키에 단정한 옷차림으로 마거릿 대처의 뒤를 따르는 절제된 모습을 보였다. 그러한 자신을 그는 '그림자 남편'이라고 불렀다. 이러한 남편을 두고 마거릿 대처는 사람들에게 이렇게 말하곤 했다. "사람들이 그를 존경한다고 생각합니다. 나 역시 그를 존경합니다."

대학 졸업 7년 후 변호사가 되다

마거릿이 변호사가 될 수 있었던 것은 아버지의 배려 때문이었다. 그랜덤 시장이 된 마거릿의 아버지 알프레드는 간이 순회 재판소에서 재판 때마다 기록담당 판사 노만 위닝과 함께 판사석에 앉았다. 마거릿이 16세가 되어 방청권을 얻을 수 있게 되자 알프레드는 딸에게 재판 견학을 권유했다. 아버지의 권유에 흥미를 갖고 재판 방청석에 앉게 된 이 16세 소녀는 변호사라는 직업에 크나큰 관심을 갖게 되었다.

"아빠, 변호사란 참으로 멋있어요. 법 이론을 전개해 사람들을 돕고, 사회에 공헌하고……."

재판이 끝나면 그랜덤의 유지들은 시내 호텔에서 판사와

함께 회식하는 관례가 있었다. 어느 날 알프레드는 방청석에 나온 딸을 이 관례적인 회식에 초대했다. 마거릿의 옥스퍼드 서머빌칼리지 입학이 결정된 직후였다. 그 때 마거릿은 화학을 공부한다는 조건으로 학비의 일부를 보조받기로 되어 있었기 때문에 법률을 공부할 기회를 잃은 것이 아닌가 하고 적잖이 후회하고 있었다. 호텔에서 노만 위닝 판사를 소개받자마자 마거릿은 고민을 털어놓았다.

"저는 장차 법률가가 되고 싶습니다. 그런데 저는 서머빌칼리지에서 화학을 공부하기로 결정했습니다. 서머빌을 나온 후 법률을 공부하면 너무 늦지 않을까요?"

"아니, 늦지 않다. 나도 케임브리지에서 물리학을 공부한 다음에 변호사 자격을 딴 거야."

그로부터 7년 후, 마거릿은 화학학위 졸업장을 받은 다음 법률 공부를 시작해 희망대로 변호사 자격을 얻었다.

결혼을 계기로 마거릿은 화학 관련 연구소에서 손을 뗐다. 데니스에게 충고를 듣기도 했지만 변호사 자격시험에 도전하기로 결심했기 때문이다. 마거릿은 한 가지 계획을 세웠다. 당면 목표는 변호사 중간시험에 합격하고, 이어 변호사 최종시험에 합격하는 것이었다. 그런데 결혼 1주년이 지났을 무렵 마거릿은 태기를 느꼈다. 남편 데니스가 아내에게 물었다.

"5월의 중간시험은 어떻게 하려오? 한 두 해 정도 연기하면 어떻겠소?"

"천만에 말씀이에요. 예정한 대로 이번 5월에 시험을 치를 거예요."

마거릿은 계획대로 공부에 피치를 올렸다. 마거릿은 불러온 배를 임신복으로 감싼 채 중간시험을 쳤다. 결과는 합격이었다.

"자, 이젠 12월의 최종시험까지 열심히 해서 이번 한 번으로 합격해버릴 작정이에요."

그러나 데니스는 걱정이었다. 그 걱정은 적중했다. 8월에 접어들면서 갑자기 산기가 일었고, 예정보다 7주나 일찍 아이를 낳은 것이다. 그것도 남자 쌍둥이었다. 마거릿은 공부만 하고 있을 수가 없었다. 밤낮 없이 갓난아이들을 돌봐야 했다. 우유와 기저귀, 게다가 목욕심부름까지 해야 했다. 데니스가 가정부를 들였다.

피나는 노력은 마침내 열매를 맺었다. 최종시험도 단번에 합격했다. 마거릿은 소녀시절부터 꿈꾸어 온 대망의 '변호사 자격'을 대학 입학 7년 후에 얻게 된 것이다. 2년 후 마거릿은 법률사무소를 차렸다.

우연히 선출된 보수당 당수

마거릿은 재학시절인 1948년 보수당 전국대회에 옥스퍼드대 학생회 대표로 참가했는데 이를 계기로 1950년 불과 24세의 나이에 하원의원에 출마할 기회를 얻었다. 마거릿은 1950년과 1951년 두 차례에 걸쳐 출마했는데 두 차례 모두 최연소

후보자였다. 이 두 선거에서 마거릿은 노동당 후보에게 크게 패했다. 그 후 1954년 11월 보궐선거에 출마하려고 했으나 후보자가 되지 못했다. 1955년 총선거에서는 입후보를 단념하고 선거운동을 돕는 데 그쳤다. 그 후에도 입후보자가 되려고 노력했지만 두 차례나 실패했다.

마거릿은 세 번째로 핀츨리지구 보수당 후보에 도전했다. 약 200여 명이 이 지구에서 입후보를 희망했다. 최종 심사대상은 마거릿을 포함해 세 사람으로 좁혀졌다. 1958년 8월 8일 마거릿은 핀츨리지구의 입후보자로 결정되어 하원의원에 당선되었다. 1959년 마거릿 대처는 34세의 젊은 나이에 드디어 정치가의 꿈을 이룬 것이다.

마거릿은 1961년 당선된 지 2년밖에 되지 않았는데도 당시 보수당 해럴드 맥밀런 수상에게서 연금관련 정무차관 자리를 제의받았다. 그 후 1965년 7월 보수당 에드워드 히스가 수상으로 취임하자 대처는 1965년에 주택공사장관과 연금장관, 1966년에 재무장관, 1967년에 연료전력장관, 1968년에 교육장관에 임명되었고, 그 해에 교통장관을 지낸 다음 1970년에 다시 교육장관에 임명되었다.

히스 당수는 보수당을 9년 동안 이끌어 오면서 부유층, 지주, 사업가의 이익을 변호하려는 당의 이미지를 바꾸어야 한다고 생각했다. 그래서 자유시장경제정책을 택했고 이 덕분에 1970년 총선에서 보수당이 승리해 히스 정부가 탄생할 수 있었다.

그런데 정권을 잡은 히스 수상은 엉뚱한 방향으로 정책을 이끌고 갔다. 설상가상으로 1972년 1~2월에는 탄광파업과 노조파업으로 발전소마저 가동이 중단되었고, 2월 말에는 실업자가 150만 명을 넘어섰다. 이후 경제정책은 더욱 잘못된 방향으로 나아갔다. 이런 사태를 심각하게 본 보수당 의원들 사이에서는 재빨리 총선거를 실시해야 한다고 목소리를 높였지만 히스 수상이 수습을 내세워 선거일을 늦추는 바람에 기회는 사라지고 말았다. 결국 히스는 1972년 3월 4일 수상 자리에서 물러났고, 이날 밤 해롤드 윌슨이 이끄는 노동당이 탄생했다. (Gardiner, 1975)

키스 조지프는 이 암울한 시기에 눈앞에 펼쳐지는 위기를 보면서 분노를 느꼈다. 조지프는 출발점을 경제문제연구소(IEA)[1]에 두고 자유주의 경제이론을 공부하기 시작했다. 곧이어 그는 1974년에 '정책연구센터'를 세워 하원의원인 마거릿 대처를 부소장으로 임명했다. 마거릿 대처는 정책연구센터에서 일하는 동안 하이에크가 1944년에 쓴 『노예의 길』을 비롯해서 시장경제에 관한 책들을 열심히 읽었다.

조지프를 비롯해 대처와 그의 동료들은 보수당에서 소수파에 속했다. 당시 히스 전 수상과 당수 자리를 놓고 경쟁할 만한 인물은 조지프뿐이었다. 마거릿 대처는 조지프야말로 보수당 당수 적임자라고 믿고 그를 위해 일하기로 결심했다.

그런데 1974년 10월 말 조지프의 운명에 뜻하지 않은 사건이 일어났다. 보수당 집회에서 한 연설이 문제가 된 것이다. 그 연설은 당시 문제가 되고 있던 쟁점으로, 결혼하지 않은 빈곤층 독신여성이 어린 나이에 어머니가 될 수 있느냐 하는 것이었다. 조지프는 빈곤층은 나라의 도움 없이 자녀들을 키울 수 없으므로 아이를 적게 낳도록 그들에게 피임법을 가르쳐야 한다고 주장했다. 어느 날 오후 조지프가 선거사무실에 들렀다.

"미안하오. 더는 뛸 수가 없습니다. 그 연설을 한 다음부터 기자들이 집 앞에 진을 치고 있습니다. 정말 무자비합니다. 입후보하지 않기로 결심했습니다."

대처는 절망했다. 그녀의 입에서는 어느새 이런 말이 튀어나오고 있었다.

"키스, 만약 당신이 입후보하지 않겠다면 내가 하겠어요."

당권 도전 기회는 참으로 우연히 대처에게 왔다. 1975년 2월 4일은 보수당 당수 선출 투표일이었다. 투표 결과 보수당 히스 당수는 119표, 대처는 130표를 얻었다. 그러나 과반수가 되지 못해 2월 11일 2차 투표를 실시했다. 결과는 146표를 얻은 대처가 당수가 되었다. 영국 역사상 최초의 여성 보수당 당수가 태어난 것이다. (Yergin 등, 1998)

보수당 당수에 선출된 마거릿 대처는 1975년 2월 20일 런던의 한 호텔에서 보수당 상·하원의원과 당원이 참석한 자리에서 당수 취임 수락연설회를 했다. 연설의 내용은 '비전을 잃은 사회는 망한다'는 것으로 대처는 비전을 갖고 보수당을 이끌겠다고 강조했다.

마거릿 대처가 보수당 당수로 선출된 1975년 말경 전 세계는 데탕트detante(국제간의 긴장 완화) 분위기에 싸여 있었다. 다음 해 1월 대처는 켄싱턴 타운홀에서 연설하게 됐는데 그 연설은 소련에 대한 비난과 공격으로 가득 찼다. 이로 인해 대처는 소련에게 '철의 여인(iron woman)'이라는 공격을 받게 되었다. 이 때 대처는 "소련인들이 나를 철의 여인이라고 부른다. 맞다. 영국은 이제 철의 여인을 원한다"라고 말했다. (고승제, 1992)

영국 최초의 여성 수상

보수당 당수에 취임한 마거릿 대처는 당조작을 새롭게 정비해 갔다. 대처는 당수로서 섀도캐비닛shadow cabinet(야당 내각)을 구성한 후 각료들에게 정책연구그룹을 만들어 정책개발에 열중하라고 지시했다. 그러면서 자신은 자유사회의 중요성을 역설하고 다녔다.

1978년 말 경제문제가 점점 악화되어 갔다. 설상가상으로 공공부문 4개 노조 연합으로 파업이 일어나 소위 '불만의 겨울(winter of discontent)'이 찾아왔다. 병원 노동자들이 거리로 나왔고, 의료서비스는 심각하게 제한을 받았다. 쓰레기가 길거리에 쌓여갔다. 묘지 매장인들은 시신 묻기를 거부했다. 노인들은 이번 겨울에 살아남을까 걱정했다.

1979년 3월 28일, 하원의 급식업체가 파업을 시작했다. 바로 그 날 노동당 정부는 불신임투표에서 졌다. 그것도 딱 한표 차이로! 노동당 캘러헌 수상은 총선거를 선언하는 것 외에 다른 선택이 없었다. (Yergin 등, 1998)

이렇게 시작한 총선거에서 마거릿 대처 보수당 당수는 경제 회생을 위한 감세정책, 노조파워 무력화를 위한 법과 질서 확립, 경제회생을 위한 근로의욕 고취 등을 강조했다. 1979년 5월 3일 개표 결과, 대처가 이끄는 보수당이 339표, 노동당이 268표를 얻었다. 드디어 마거릿 대처는 영국 최초의 여성 수상이 된 것이다.

떠나야할 때 떠난 정치가

세 번째 수상직을 역임하고 있을 때였다. 구조개혁에 성공한 대처는 인기가 대단했다.

그런데 1989년 말에 이르러 영국경제는 불황의 늪에 빠져들었다. 저성장, 고인플레이션, 고이자율 등이 민심을 돌려놓기 시작했다. 이런 상황에서 대처는 스코틀랜드에 인두세(poll tax, 주민세)를 도입하기 시작했다. 인두세는 재산세와는 달리 동일한 세율이 부과되기 때문에 가난하고 아이들이 많은 가정은 큰 타격을 받았다. 1990년 3월 인두세 반대데모가 격렬하게 일어나 130명의 부상자가 생겼다. 그런데도 대처는 같은 해 4월 잉글랜드와 웨일즈에서도 인두세를 도입했다. 여기에다 EC 가입 문제가 다시 불거져 많은 국민들은 마거릿 대처를 향한 증오심마저 갖게 되었다. 보수당 안에서조차 분열이 생졌다. 보수당은 노동당보다도 지지율이 26%나 뒤졌다. 언론마저 대처의 사임을 들고 나왔다.

일정대로 보수당은 1990년 11월 20일 당수 선거에 들어갔다. 대처는 4표가 부족해 당수로 선출되지 못했다. 그런데 측근들은 2차 투표에 대처가 나오면 1차 투표 때의 지지자 25명이 돌아설 것이라고 말했다. 대처가 과반수인 187표를 얻으리라는 보장이 없었다.

그래도 대처는 2차 투표에 나가기로 마음을 굳혔다. 그런데 당수 출마에는 두 사람의 추천서가 필요했다. 한 사람의 추천서는 이미 받아두었으므로 대처는 선거구에 가 있는 존 메이저의 추천서를 원했다. 마거릿 대처는 메이저의 친구인 아처를 메이저에게 보냈다.

메이저가 사인하려던 순간 전화벨이 울렸다. 대처의 전화였다. 전화를 받고 나서 메이저는 '재무장관 존 메이저'라고 서명한 서류를 아처에게 주었다. 그리고 나서 잠깐 기다리라고 말한 후 그는 다른 방으로 가서 두 번째 봉투를 가져와 아처에게 주었다. 아처는 밤 1시 30분에 다우닝가 10번지에 도착해 마거릿 대처에게 메이저가 준 두 개의 봉투를 전달했다.

다음날 아침 8시 30분 경 아처는 대처에게서 전화를 받았다. 아처가 존 메이저에게서 받아온 두 번째 봉투는 대처가 출마할 경우 찢어버리고, 출마하지 않을 경우 개봉하라는 것이었다. 두 번째 봉투에는 대처의 불출마 결심이 들어 있었다. 대처의 전화를 받은 아처는 그 봉투를 찢지 않고 개봉했다. 마거릿 대처는 떠나야 할 때 떠난 정치가다. 대처의 신임을 받고 있던 존 메이저가 대처 대신 2차 투표에 나와 당수로 선출되었다. 그는 보수당 당수로서 수상직을 두 차례 역임했다.

대처의 통치철학: 대처리즘

　　마거릿 대처는 1992년 9월 3~4일 고려대학교가 초청해 수여한 명예법학박사 학위를 받고 '인촌기념강연'을 했다. 대처는 「대처리즘에 관하여: 이념과 실제On Thatcherism: Its Ideology and Practices」라는 강연을 통해 순수 대처리즘의 이념과 실제를 설명했고, 2002년에 출간된 『국가경영Statecraft』이라는 저서를 통해 대처리즘의 본질을 더욱 구체적으로 밝혔다.

대처리즘의 이념

　　대처는 '인촌기념강연'에서 첫 마디를 "나는 대처리즘에 관해서 이야기해 달라는 요청을 받았습니다"라고 시작했다. 이

강연에서 대처는 자신의 통치철학을 '나의 신념'과 '1979년의 영국'이라는 소제목으로 나누어 설명했다. (Thatcher, 1992)

먼저 '나의 신념'의 주요 부분을 인용한다.

"내 이상은 대부분의 사람들처럼 먼저 우리 가족, 개인의 존엄성을 믿는 크리스천 가족에 의해서, 그리고 우리들 각자는 자신의 행동에 책임을 져야 한다는 가르침에 따라 형성되었습니다. 우리들은 값진 유일한 삶이란 노력하는 삶이라고 배웠습니다. 우리들은 잘못된 것에 대해서는 그저 항의만 하는 것은 옳지 않고 이를 바로잡기 위해 손수 무엇인가를 해야 한다는 신념으로 길들여졌습니다. (중략)

그러나 내 관점은 또한 영국 자체와 영국의 역사, 특히 영국의 정치사에 의해서 형성되었습니다. 왜 그렇지 않았겠습니까? 나는 항상 정치에 매료되어 있었는데. 나에게 영국이라는 이름은 자유, 정의, 그리고 민주주의와 동의어同義語였습니다. (중략)

대처리즘은 이러한 개인적 경험과 집단적 경험 속에서 생겨났습니다. 그리고 대처리즘은 지성의 산물임과 동시에 감정의 산물입니다. 우리는 진정으로 쇠퇴와 굴복은 영국에 해롭다고 믿었습니다. 우리는 자유를 신장시키고 영국을 더욱 번영하고 영향력 있게 만들기 위해서 영국인들의 가치관, 근로 윤리, 자유에 대한 사랑, 정의감이 다시 한 번 동원될 수 있다고 믿었습니다. (중략)

영국의 새로운 보수당 정부는 원리와 정책에 입각해 사

회주의 정책을 되돌려 놓고 자유의 영역을 확대시킬 준비가 되어 있었습니다. 영국이 이러한 과업을 시도하는 최초의 국가가 될 각오를 하고 있었습니다. 만약 우리가 성공한다면 다른 나라들도 뒤따를 것이라고 생각했습니다. 그리고 우리는 성공했습니다. 다른 나라들이 뒤따랐습니다. 그리고 다른 나라들은 아직도 우리를 뒤따르고 있습니다."

'1979년 영국'에 관한 내용을 요약하면 다음과 같다.

수상이 된 대처는 영국 정부와 경제에 관해 이전 수상들과는 전혀 다른 접근을 시도했다. 대처는 전체 역사를 통해 영국인들은 어떠한 종류의 독재에도 단호하게 저항해 왔다고 말했다. 이어 대처는 당시 영국에서는 사회주의가 개인의 자유를 희생하는 대가로 국가권력의 확대를 요구했는데, 이는 영국인의 품성을 근본적으로 거스르는 것이었다고 말했다. 대처는 사회주의에 맞서서 1980년대의 영국을 기업이 다시 일할 수 있는 나라로 만들기 위해 구조개혁을 추진했다. 그것은 쉽지 않았다. 대처는 많은 강력한 이익집단들에게서 인기가 떨어지는 것을 감수해야 했다. 그런데도 대처는 "지금까지 고안한 것 중에서 최상인 동시에 가장 인기가 없는 단음절 대답인 'No'라는 말을 사용하는 것부터 시작하면서" 구조개혁에 착수했다. 그 결과를 대처는 이렇게 표현했다. "성공의 비밀은 꼭 한 단어―기업이라는 단어로 요약할 수 있습니다." 대처는 구조개혁을 통해 기업을 살림으로써 사회주의정책에 물들어

온 영국경제를 자유시장경제로 바꿔놓는 데 성공한 것이다.

대처리즘의 원리, 실제, 정책

대처가 '인촌기념강연'에서 손수 설명한 '대처리즘의 원리, 실제, 그리고 정책'을 보자.

"첫째, 내 믿음의 뿌리에는 자유(liberty)가 도덕의 본질(moral quality)이라는 확신이 있습니다"라고 대처는 말했다. 대처는 모든 개인은 각자 타고난 재능과 능력이 있는데 국가는 이들 개인 스스로 자신의 재능과 능력을 발휘할 수 있도록 도와야 한다고 말했다. 국가는 개인의 자유를 보호해야 한다는 것이 대처리즘의 첫째 원칙이다.

"둘째, 정부만이 통화안정을 보장할 수 있기 때문에 정부가 통화안정 조치를 취해야 하며, 정부지출과 정부차입금을 줄여야 한다는 것이 나의 신념이었습니다"라고 대처는 말했다. 이는 통화안정을 통해 인플레이션을 치유하고, 재정지출 삭감을 통해 '작은 정부'를 실현하고, 그 결과 자유시장경제를 활성화시키려는 대처의 의지를 나타내 준다.

"셋째, 우리는 기업 활동에 유리한 환경을 조성하고자 했습니다"라고 대처는 말했다. 이를 위해 대처는 법인세를 줄이고, 어떤 조세는 폐지하고, 규제를 완화하거나 폐지하고, 소규모 기업을 지원하고, 법 위에 노조지도자들이 군림하게 만든 노동조합의 특권을 폐지했다.

25

"넷째, 나는 사람들의 자유와 독립의 보루堡壘로서, 또 미래 세대들의 책임감을 증진시키기 위해서, 사적소유제도가 가능한 한 폭넓게 확산되어야 한다고 믿습니다"라고 대처는 말했다. 이를 위해 대처는 국가소유제도를 사유재산제도로 되돌려 놓았다. 그 대표적인 예가 공기업 민영화였다. 이와 관련해 대처는 "민영화정책은 영국의 가장 성공적인 수출품 가운데 하나가 되었습니다"라고 말했다.

"다섯째, 나는 자유로 인해서 무정부상태가 되어서는 안 된다는 신념을 갖고 있습니다. 자유는 법에 의해서 만들어집니다(freedom is the creature of law). 그렇지 않다면 인간은 야수野獸가 될 것입니다"라고 대처는 말했다. 이를 위해 대처는 경찰력을 증강시켰고, 사법행정을 개선했고, 폭력범죄의 형량을 높였으며, 형사법제도를 개선했다.

"여섯째, 나는 평화는 결코 완전하게 보장되지 않으며, 새로운 독재자가 등장할 수 있고, 새로운 독재자는 유화宥和정책을 쓰지 말고 패배시켜야 한다는 신념을 갖고 있습니다"라고 대처는 말했다. 이를 위해 대처는 군사력을 최신으로 바꾸었고, 북대서양조약기구(NATO)를 확고하게 지지했으며, 미국의 전력방위계획(SDI)을 지지했다.

"일곱째, 나는 영국의 헌법이 유지되어야 한다는 신념을 갖고 있습니다. 영국의 주권은 영국과 유럽의 다른 나라에 대해서도 봉사해 왔습니다. 영국의 정치적 원칙들은 다른 나라에도 적용될 수 있습니다"라고 대처는 말했다. 대처는 영국의 주권을 굳건하게 지켰다. 대처는 영국 헌법을 '자유의 권리증서'이며 '진리'라고 표현할 정도로 존중했다.

대처리즘의 결과

대처는 대처리즘의 결과를 경제분야, 비경제분야, 오늘날의 세계로 나누어 설명했다.

경제분야

대처는 경제와 관련된 구조개혁의 결과를 다음과 같이 표현했다.

"경제정책들이 성공하기까지는 시간이 좀 걸렸습니다. 1979~1980년 세계경제의 심한 침체, 영국경제의 취약성, 노동조합의 권력 남용, 미국의 재정적자와 무역적자 증가, 이러한 모든 것들이 영국경제를 어렵게 만들었습니다. 그러나 영국의 1980년대를 뒤돌아보면 우리의 의도는 분명하고 명백했습니다. 영국경제의 실적이 바뀐 것입니다. (중략)

영국은 이제 경쟁국가에 비해서 훨씬 낮은 비용이 소요되는 건실한 자유기업 경제체제를 지니고 있습니다. 산업도 구조조정 했습니다. 1970년대 노동당의 정책을 실시한 기간과 비교할 때 경영인과 노동자의 태도가 바뀌었습니다. (중략)

영국에서 우리는 오랜 경험을 통해 국가는 기업을 경영

하기에 적합하지 않다는 것을 배웠습니다. 국가의 임무는
민간 기업이 번성할 수 있도록 적합한 법의 틀을 만들어 주
는 것이지 국가가 기업을 소유함으로써 국가권력을 확대하
는 것이 아닙니다."

비경제분야: 안보문제

대처는 비경제분야로서 공산주의 패배를 언급했다. 대처는
냉전에서 승리해 공산주의를 패배시키고자 노력했다. 대처는
이렇게 말했다.

"만약 냉전에서 자유세계의 승리에 대한 공로를 주장할
만한 사람이 있다면 그는 바로 레이건 대통령일 것입니다.
(중략) 자유와 민주주의 방어는 사상의 영역에서 전투와 승
리를 원했습니다. (중략) 레이건 대통령과 나는 공산주의자
들에게 그들이 군사력으로 결코 승리할 수 없다는 것을 보
여주기로 결심했습니다. 그래서 미국과 영국은 방위비를 증
액했습니다. (중략) 공산주의자들이 가장 두려워하는 것은
진리입니다."

대처와 레이건은 냉전에서 승리했고, 공산주의는 패배했다.
대처는 2002년에 출간된 책 『국가경영』 맨 처음 쪽에서 "이
책을 로널드 레이건에게 바친다. 세계는 그에게 너무나 많은
빚을 지고 있다"라고 썼다. 이는 전 세계 사람들이 자유를 누

릴 수 있도록 냉전에서 승리한 레이건 미국 전 대통령에게 보내는 대처의 감사 표시라 할 수 있다.

오늘날의 세계

대처는 "공산주의의 붕괴 과정과 탈사회주의 국가들이 자본주의 경제를 건설하기 위해 노력하고 있는 것을 보면, 계획 경제에 근본적인 문제가 있다는 것을 알 수 있습니다"라고 말했다. 이어 "기업 활동은 경제성장의 엔진이 되어야 합니다. 국가가 시장의 역할을 박탈하지 않을 때 경제성장은 더욱 빠르고 훨씬 좋은 성과를 나타냅니다"(Thatcher, 2002)라고 말한 대처는 구 사회주의국가에서도 자유시장경제가 정착할 것으로 낙관했다.

대처리즘과 경제정책: 대처리즘의 본질

대처는 『국가경영』 11장에서 다음과 같이 썼다.[2]

"자유로운 기업 활동이 보장되는 자본주의가 거의 모든 곳에서 성공을 거두고 있는데도 자본주의를 이해하는 사람들이 적다는 것은 이상한 얘기지만 사실이다. 좌파 정부들은 말할 것 없고 심지어 동남아시아의 수정공산주의 정부들조차도 시장경제를 도입하느라고 여념이 없다. 그들은 부를 창출하려면 전혀 다른 대안이 없다고 생각한다.

자유로운 기업 활동이 보장되는 자본주의는 어떤 면에서는 너무 단순해서 아예 체제라는 말을 붙이고 싶지 않을 정도다. 아담 스미스는 자본주의를 다음과 같이 간결하게 표현했다.

"많은 이점들의 근원이 되고 있는 분업은 원래 그것이 만들어낼 전반적인 부를 내다본 인간들의 지혜의 산물이 아니다. 분업은 인간의 본성 속에 자리 잡은 특정한 경향이 낳은, 느리고 점진적이기는 하지만 필연적인 결과다. *이토록 큰 쓰임새가 있을 것처럼 보이지 않는 이 경향이란 거래, 교역, 물물교환을 하려는 경향을 말한다.*"(이탤릭체는 대처가 표시)

모든 사람들은 교역을 통해 삶을 개선해보려는 본능을 적어도 어느 정도까지는 공통적으로 갖고 있다. 이 본능은 스스로 이익을 추구하는 경향, 즉 아담 스미스의 말을 빌리자면, '이기심'이 현실에 적용된 것이다. 친척도 아니고 친구도 아니고 심지어 아는 사이도 아닌 사람들 사이에서 교역을 활성화할 수 있는 것은 이것밖에 없기 때문에 이것은 경제생활의 기초적인 원칙으로 자리 잡고 있다. 아담 스미스의 다음과 같은 말은 이를 잘 나타내준다.

"우리가 저녁을 먹을 수 있는 것은 정육점 주인이나 양조업자나 빵집 주인의 착한 마음씨 덕분이 아니라 그들 자신의 이익에 대한 그들의 관심 덕분이다."

아담 스미스의 표현은 자유로운 기업 활동이 보장되는 자본주의는 심리적 통찰력(거래, 교역, 물물교환을 하려는 경향)을 기반으로 하고 있음을 말해준다. 스미스가 '보이지 않는 손'이라고 표현한 것이 활동하면서 경제 질서를 형성하고, 그 덕분에 개인들의 이익 추구가 사회 전체의 물질적 이익으로 이어지는 것은 바로 이런 경향을 통해서다.

나는 자유로운 기업 활동이 보장되는 자본주의가 효과적으로 작동하기 위해서는 다섯 가지 조건을 갖춰야 한다고 생각한다.

첫째, 사유재산이 반드시 존재해야 한다는 점이다. 재산은 안정과 자신감을 가져다주기 때문에 필수적이다. 구소련, 중공 등 사회주의국가들은 사유재산을 인정하지 않았기 때문에 결국 역사 속으로 사라지게 되었다.

둘째, 필수적인 조건으로 사회가 법의 지배를 받아야 한다는 점이다. 노동자들은 노동의 과실에 대한 확신을 원한다. 투자자들은 무엇이든 자본을 통해 생겨나는 이익을 거둬들일 수 있을 거라고 확신하고 싶어 한다. 만약 이런 조건들이 충족되지 않는다면, 우리는 번영을 누릴 수 없게 될 것이다.

셋째, 기업친화적인 문화가 있어야 한다는 점이다. 서구의 유대교와 기독교는 노동의 가치를 존중하고 인간이 주위환경의 주인이 되어야 한다고 단호하게 선언하는 종교다. 이를 바탕으로 서구사회는 인간 개개인의 노력을 중시하고 발전의 가능성을 받아들여 자유로운 실험을 할 수 있는 배경을 마련함으로써 일차적으로 발명을 이룩했다. 이렇게 해서 서구에서는 자유로운 기업 활동이 보장되는 자본주의가 발전하게 되었다.

넷째, 다양성과 국가 간 경쟁이 있어야 한다는 점이다. 자본주의는 차이와 개성을 바탕으로 번영하며 또 그런 것들을 장려한다. 또 경쟁관계에 있는 다양한 독립 국가들이 있어야만 국가 경쟁력이 증가할 수 있다.

다섯째, 사람들의 의욕을 부추기는 조세제도와 최소한의 규제가 있어야 한다는 점이다. 국가가 세금을 지나치게 많이 징수하면 재능 있는 사람들과 자본이 다른 나라로 빠져나가게 되고, 심한 규제는 생산을 감소시켜 부의 창출을 막게 된다.

이러한 다섯 가지 조건들을 갖출 때 개인들은 부를 창출한다. 그런데 좌파는 이해능력이 부족해서 그들의 정책에 결정적인 특징이 나타난다. 기본적으로 그들의 실수는 부를 창출해서 개인들에게 분배(혹은 재분배)하는 것이 국가라고 믿는다는 점이다. 사실 경제발전과 관련해서 진실은 그들의 믿음과 정반대다. 부를 창출하는 것은 바로 개인들이기 때문이다. 개인들은 아담 스미스가 약 200년 전에 그토록 훌륭하게 표현한 방식으로 자신들의 노력, 기술, 자본을 이용해 부를 창출해서 '국부'를 만들어낸다. 좌파 정치가들은 처음부터 '왜 국가가 국민들의 주머니에서 추가로 돈을 더 가져와야 하는가?'라고 묻는 대신 '그게 왜 안 돼?'라고 말한다. 도처에 존재하는 그런 정치가들의 눈에는 부가 개인의 것이 아니라 집단의 것이며, 우리들의 것이 아니라 자기들의 것이다.

나는 몇 해 전『여성 자신*Woman's Own*』이라는 잡지와 한 인터뷰에서 앞에서 언급한 생각을 말하려고 애쓰다가 결국 다음과 같이 말하게 되었다.

"나는 우리가 문제가 생기면 정부가 알아서 해결해줄 것이라는 생각을 하는 사람들이 너무 많은 시대를 거쳐 왔다고 생각한다. '문제가 생겼다. 가서 보조금을 얻어와야지'라든가 '노숙자가 됐어. 정부가 반드시 내 거처를 마련해줘야 해'라고 생각하는 것이다. 이 사람들은 자기들의 문제를 사회에 떠넘기고 있다. 그런데 솔직히 사회라는 건 존재하지 않는다. 개인이 있고 가족이 있을 뿐이다."

그 인터뷰는 마치 벌집을 건드린 것처럼 커다란 논란을 불러일으켰지만 나는 벌들이 엉뚱한 데서 붕붕거리고 있다고 생각했다. 정치인 생활을 하면서 내가 한 발언 중에는 다르게 말했더라면 좋았을 것이라고 생각되는 것들이 많이 있다. 그러나 위의 발언은 그 중에 속하지 않는다. 그런데도 이 발언은 일대 소란을 일으켰다. '사회라는 건 존재하지 않는다'라는 말은 지금도 좌파 정치인, 기자, 그리고 때로는 성직자들에 의해 인용되고 있다. 그들은 1980년대에 자기들이 보기에 틀렸다고 생각하던 주장과 '대처리즘'에서 지금도 틀렸다고 생각하는 부분을 간략하게 설명하는 데 이 말을 이용하고 있다. 하지만 그들에게는 문제가 하나 있다. 만약 내 주장이 틀린 것이라면,

그래서 '마땅히 얻어야 하는 것'에 대한 도덕적 한계가 존재하지 않는다면, 그들은 공공지출과 세금을 일정한 한계 안에 묶어두는 것을 도덕적으로 어떻게 정당화 할 수 있을까? 그냥 모든 것을 다 재분배해버리면 되지 않겠는가.

좌파는 궁극적으로 대답을 찾을 길이 없는 이 질문에 대답하기 위해 '제3의 길'이라는 신조어를 만들어내 그 개념을 극구 찬양해 왔다. 사회주의자들은 자기들의 신념에 붙일 새로운 제목을 찾는 데 항상 상당한 시간을 쏟는데, 이는 과거의 개념들이 금방 시대에 뒤떨어진 것이 되어서 신뢰성을 잃어버리기 때문이다.

자본주의에 대한 첫째 비판은 아담 스미스의 견해를 설명하면서 이미 언급했다. 자본주의가 이기심을 바탕으로 하기 때문에 나쁘다는 주장 말이다. 스미스가 증명했듯이, 이기심 추구는 현실 속에서 시장경제가 어떻게든 작동하게 만들 수 있는 유일한 방법이다.

부의 축적 그 자체는 도덕적으로 중립적인 과정이다. 기독교의 가르침처럼 부가 사람을 유혹에 빠뜨리는 것은 사실이다. 그러나 그렇게 따지면 빈곤도 마찬가지다. 게다가 어쨌든 자본주의를 통한 부의 창출을 비난하는 사람들이 부자의 양심을 걱정해서 그런 말을 하는 것은 아닌 것 같다. 부가(그리고 우리가) 선해지거나 악해지는 것은 그 부를 가지고 우리가 하는 행동 때문이다.

그러나 자본주의를 비판하는 사람들은 돈을 이용하는 사람들의 행동뿐만 아니라 돈이 축적되는 과정을 주로 못마땅해 한다. 그들은 이 과정이 두 가지 면에서 근본적으로 부당하다고 생각한다. 우선, 모든 사람들이 출발점에서 똑같은 기회를 누리는 게 아니기 때문에 처음부터 부당하다는 것이 그들의 주장이다. 또한 경주가 끝났을 때 어떤 사람들은 평소 필요 이상의 재물을 갖게 되고 어떤 사람들은 필요한 것도 채 확보하지 못하기 때문에 그 결과도 부당하다고 한다. 이런 주장에는 심각한 결함이 있지만 보수주의자들은 불행히도 너무 약삭빨라서(혹은 너무 힘이 약해서) 이 결함을 지적하지 못한다. 그 결함이란 정의와 평등을 혼동하는 것이다. 자본주의의 비판자들은 (첫째 지적에서는) 정의와 기회의 평등, (둘째 지적에서는) 정의와 결과의 평등을 혼동하고 있다.

사실 조금만 생각해보면 이들의 주장에서 잘못된 점이 무엇인가를 충분히 알아낼 수 있다. 모든 사람들은 적어도 성격, 능력, 적성이라는 측면에서는 평등하게 창조되지 않았다. 게다가 설사 모든 사람들이 평등하게 창조되었다 해도 가족적 배경과 문화적 배경 등에 의해 곧 상황이 바뀔 것이다. 천성을 중시하는 견해와 양육 환경을 중시하는 견해가 일치하는 지점이 하나 있다. 모든 사람들이 다 다르다는 것. 만약 이것이 부당하다면, 삶 자체가 부당하다는 얘기다.

특정 집단의 사람들이 감수하고 있는 사회적 불평등을 해소하기 위해 국가가 아무것도 하지 말아야 한다는 뜻은 아니다. 이런 노력을 감당할 수 있는 선진국에서는 가정의 지불능력을 따지지 않고 훌륭한 기초교육과 적절한 의료 서비스를 제공해주는 것이 옳다. 나는 또한 어느 정도 자본을 축적해서 재산을 획득하도록 사람들을 독려하는 정책에도 찬성한다. 영국 보수당 정부가 1980년대와 1990년대에 실시한 정책에서도 이것이 핵심적인 위치를 차지했다. 그러나 정책을 구성할 때에는 시장을 왜곡하거나 의욕을 꺾어버리지 않도록 해야 한다. 가능하다면, 정부는 개인의 선택권을 최대화하는 방식으로 사회복지정책을 시행해야 한다. 예를 들어, 중앙정부가 필요한 것들을 제공해주기보다는 교육비 할인이나 신용대출 등을 이용하는 방법, 일제히 보조금을 지급하기보다는 세금을 감면해주는 방법 등이 있다.

사실 우리는 항상 목적을 분명히 해야 한다. 사회적으로 불리한 입장에 서 있는 사람들의 운명을 향상시키려고 노력하는 것에 대해서는 많은 이야기들을 할 수 있다. 그러나 지상에 천국을 만들려고 노력하는 사람들에 대해서는 전혀 할 말이 없다. 따라서 정부는 사회적 정책을 이른바 '사회적 정의'와 연결시키는 것에 대해 크게 경계해야 한다.

'사회적 정의'가 기회의 평등뿐만 아니라 결과의 평등에까지 적용되면 자유로운 사회가 불안정 속으로 점점 끌려 들어갈 수 있다. 불평등은 자유의 불가피한 대가다. 사람들에게 스스로 결정을 내릴 수 있는 자유를 부여해준다면, 다른 사람들보다 더 신중하고 창조적인 반응을 보이는 사람들이 생길 것이다. 게다가 다른 사람들이 가지지 못한 행운을 누리는 사람들도 있을 것이다. 어쨌든 물질적 부를 비롯한 여러 가지 혜택들이 반드시 자격 있는 사람들에게 돌아가도록 해주는 만장일치의 기준 같은 것은 존재하지 않는다. 설사 그런 기준이 있다 해도 정부나 다른 기구가 판단을 내리는 데 필요한 모든 정보를 확보할 가능성은 없다.

이런 모든 결함들이 공산주의 치하에서 나타났다. 이 주제에 관한 책들을 모으면 아마 영국 국립도서관의 별관 건물 하나를 완전히 채울 수 있을 것이다. 그러나 사회주의적 성격의 강약과는 상관없이 모든 사회주의체제에서 이런 결함들이 다양한 수준으로 존재한다는 사실을 사람들이 잊어버리고 있는 것 같다. 정부가 법 앞의 평등 외에 다른 종류의 평등까지 성취하겠다는 것을 목표로 삼으면 그 정부는 자유를 위협하는 존재가 된다.

자유로운 기업 활동이 보장되는 자본주의가 도덕적으로도 강력한 힘을 갖고 있다고 생각하는 사람들은 단순히 실용적인 견지에서가 아니라 도덕적인 견지에서도 그런 주장을 펼쳐야 할 것이다. 우리가 해야 할 일은 다음과 같다.

- 돈이 도덕적으로 중립적인 존재임을 지적한다. 중요한 것은 사람들이 돈을 가지고 하는 행동이다.
- 법 앞의 평등(이것은 자유의 일부이다)을 추구하는 것과 대개 자유의 축소가 포함되는 다른 종류의 행동을 추구하는 것을 분명히 구분한다.
- 혜택 받지 못한 계층을 돕기 위한 정책을 마련하되, 그 정

책이 시장을 왜곡하거나 의욕을 꺾어버리지 않고 대신 선택권과 소유권을 확대시키도록 한다.

· 진정한 정의를 파괴하는 '사회적' 정의라는 개념을 원칙적으로 거부한다.

· 자본주의가 좋거나 나빠지는 것은 그 안에 참여하고 있는 사람들에게 달린 일임을 명심한다."

대처의 구조개혁

마거릿 대처는 구조개혁의 원조元祖다. 영국도 대부분의 유럽 국가들처럼 1970~1980년대에 걸쳐 사회주의 열병에 한창 만연되어 있었다. 이 무렵 정권을 잡은 마거릿 대처는 구조개혁을 통해 영국을 시장경제국가로 바꿔놓았다. (박동운, 2004·2005)

마거릿 대처의 구조개혁이 성공을 거두자 뉴질랜드와 아일랜드가 뒤이어 대처의 길을 따랐고, OECD는 이 과정을 지켜보면서 회원국들에 마거릿 대처의 길을 따르도록 권고했다.

이 장에서는 마거릿 대처가 구조개혁을 어떻게 추진해서 어떻게 성공했는가를 살펴보고, 마거릿 대처의 구조개혁이 우리에게 주는 교훈도 간략하게 곁들인다.

침체에 빠진 1970년대의 영국경제

먼저 1970년대의 영국경제가 얼마나 형편없었는가를 살펴보자.

저성장과 고실업

1970년대 영국경제는 저성장·고실업 구조였다. 1973~1979년 영국의 연평균 성장률은 2.3%로 G7 국가들 가운데 꼴찌인 독일의 2.2%보다 약간 높았다. 같은 기간 동안 영국의 연평균 실업률은 3.9%로 낮았지만 G7 국가들 가운데서는 1.8%의 일본, 3.1%의 독일 다음으로 높았다. 그런데 영국의 실업률은 1980년대에 들어와 지속적으로 증가해 1984년에는 G7 국가들 가운데 가장 높은 11.4%까지 기록했다.

저생산성과 고임금

1970년대의 영국경제는 저생산성·고임금 구조였다. 1973~1979년 연평균 노동생산성 증가율은 영국이 1.1%로 G7 가운데 꼴찌였다. 같은 기간 동안 연평균 임금 상승률은 이탈리아의 22.0%에 이어 영국이 둘째로 높은 19.4%였다.

노조천국

1970년대의 영국은 그야말로 '노조천국'이었다. 노조는 정책 내용에 따라 노동당 보수당 할 것 없이 멋대로 정권을 갈아치웠다. '불만의 겨울'은 노동당 캘러헌 정권하에서 1978년 말부터 1979년 초에 걸쳐 자동차, 운수, 병원, 청소 노조가 연합해 일으킨 노조파업인데 이는 1970년대의 영국이 노조천국이었음을 보여주는 대표적인 예다. '불만의 겨울'은 국민들에게 참기 어려운 고통과 정부 불신을 안겨주었다. '불만의 겨울'이 지나고 봄이 돌아오자 보수당 당수 마거릿 대처는 5월 총선거에서 '노조천국 극복'과 '사회주의 추방'을 선거공약으로 내세워 승리를 거두고 수상이 되었다.

정권도 갈아치운 인플레이션

1970년대의 영국경제는 인플레이션으로 신음했다. 1973~1979년 영국의 연평균 인플레이션은 14.8%로 15.4%의 이탈리아 다음이었다. 영국에서는 인플레이션으로 인해 정권이 바뀐 적도 있다. 경제문제의 해결사로 알려진 노동당 윌슨 수상이 1974년에 재집권했지만 1975년에 인플레이션이 무려 24.2%나 되자 수상직에서 물러날 수밖에 없었다. 1975년 영국이 기록한 인플레이션 24.2%는 같은 해 일본이 기록한 24.5%를 제외하고 1970년대 이후 현재까지 G7 국가들 가운데서 가장 높다.

IMF 관리체제에 들어감

영국은 파운드화 가치 하락으로 1976년 IMF 관리체제에 들어갔다. 영국은 1975년 6~7월에 세계경제의 계속된 침체상황에서 파운드화 가치 하락에 이어 물가상승과 급격한 외화보유고 감소로 경제위기에 직면하게 되었다. 캘러헌 수상은 파운드화 위기 상황에서 어쩔 수 없이 1976년 9월 영국이 IMF로 가는 길을 택했다. 다행히도 파운드화 가치가 빠르게 회복해 영국은 1년 4개월을 앞당겨 1977년 9월 IMF를 졸업했다.

영국병

1970년대의 영국은 '영국병'을 앓았다. 영국은 긴 복지국가 역사를 갖고 있다. 영국 정부는 1941년 노조의 권유에 따라 베버리지로 하여금 국민보험체계를 재검토하게 했는데, 베버리지는 「사회보험과 관련 서비스」라는 보고서를 제출했다. 영국정부는 이 보고서를 바탕으로, 1944년에 기존제도를 모두 흡수하는 국민보험법을 제정했고, 중앙정부에 국민보험부를 설치했다. 또 1945년에는 가족수당법을 제정했고, 1946년에는 국민의료서비스법을 제정했으며, 1948년에는 조세를 재원으로 하는 공적부조제도를 도입했다. 이렇게 해서 영국은 소위 '영국병'을 일으킨 복지제도의 기초를 마련했다. '영국병'이란 정부가 국민생활을 구석구석까지 돌봄으로써 근로의욕이 떨어져 경제가 침체에 빠지게 되는 병을 말한다. '영국병'은 베버리지 보고서와 관련해서는 1941년에, 입법과 관련해서는 1946년에 발병했다고 볼 수 있다.

수준 낮은 자유시장경제

1970년대의 영국은 시장경제 활성화에서 한국보다 뒤떨어졌다. 시장경제 활성화 수준을 나타내는 프레이저연구원의 경제자유지수에 따르면, 1970년 영국의 경제자유 평점은 5.9점으로 조사대상 54개국 가운데 33위였다. 같은 해 한국은 6.1점, 30위로 영국을 앞섰다.

시장경제주의자 기용

앞에서 간략하게 살펴본 대로 영국경제는 깊숙한 침체의 늪에 빠져 있었는데 이는 마거릿 대처라는 걸출한 정치지도자가 등장할 수 있는 배경이 된 셈이다. 먼저 인재 기용을 통한 마거릿 대처의 구조개혁 계획을 살펴보자. (박동운, 2004)

대처는 수상 취임 후 선거공약을 실천하는 과정에서 큰 어려움에 부딪혔다. 그 이유는 자신이 영국경제를 시장경제로 활성화시키기 위해 내세운 '통화주의(monetarism)'를 이해하는 사람이 기껏해야 키스 조지프를 비롯해 몇 명의 대장성 각료밖에 없었기 때문이다. 케인즈주의에 물들어 있던 대부분의 각료들은 통화주의가 성공하지 못할 것이라고 믿었다.

당시 케인즈주의 정책은 정부지출 증가가 성장률을 높이고 실업률을 낮출 수 있는 정책으로, 영국에서는 물론 대부분의 유럽국가에서도 신봉하고 있었다. 케인즈주의 정책은 주로 적자재정에 의존한 확장재정정책이었다. 그런데 정책입안자들은 적자재정에 의존한 확장재정정책이 안고 있는 재정적자 보전 방법과 경제효과에 관해서는 입을 다물어 버리고, 물가는 변하지 않고 산출량과 고용만 증가한다고 강조했다.

이와는 달리 통화주의는 통화 증가율을 낮춰 인플레이션을 안정시킴으로써 경제를 회생시킨다는 이론이다. 이는 밀턴 프리드먼이 주창한 이론이다. 통화주의자들은 불황, 경기변동, 인플레이션 등은 오직 화폐공급량의 변화에 의해 결정된다고 강조했다. 그런데 통화주의는 단순히 경제이론이나 경제정책에 그치지 않는다. 통화주의는 자유시장경제의 기본원리다.

마거릿 대처는 명군이다. 그녀가 명군으로 자리매김할 수 있었던 이유는 키스 조지프를 비롯해 뛰어난 시장주의 명장들을 기용했기 때문이다. 마거릿 대처는 통화주의정책이 불러일으킬 갈등을 피하기 위해 전체 각료회의 대신 소그룹인 내각의 경제위원회를 활용했다. 이 위원회는 E위원회라고 불렸다. E위원회의 핵심 인물은 키스 조지프였다. 대처는 대장성의 케인즈주의자들에게 영향력을 미치고자 런던 경영대의 35세에 지나지 않는 통화주의자 테리 번즈를 대장성 수석경제자문으로 임명했다. 대처는 또 통화주의자인 호스킨에게도 중책을 맡겼다. 보수당 당수 경선에서 하차해 당권 도전 기회를 대처에게 물려준 키스 조지프는 대처 정부에서 산업부장관으로 임명된 후 대처의 구조개혁을 실질적으로 주도했다.

이처럼 마거릿 대처는 집권하자마자 시장주의 명장들을 과감하게 기용함으로써 구조개혁을 성공적으로 추진할 수 있었다.

마거릿 대처의 인재 기용은 우리에게 '명군 밑에 명장 있다'라는 교훈을 준다. 마거릿 대처가 영국병에 신음하던 영국을 시장경제국가로 살려낼 수 있었던 것은 그녀 자신이 시장경제를 신봉했고, 이를 실현하기 위해 시장경제 명장들을 과감하게 기용했기 때문이다.

'법과 원칙'을 적용한 노동개혁

1970년대의 영국은 노조천국이었다. 노조는 정책에 따라 노동당 보수당 할 것 없이 멋대로 정권을 갈아 치웠다. 대처는 1979년 초에 실시된 총선거에서 보수당 당수로서 세 가지 선거공약을 내세웠다. 그 하나는 '불법적인 노조파업을 법과 원칙으로 다스리겠다'는 것이었다.

대처는 수상 취임 1달 후인 6월, 관례에 따라 정부 대표들과 노동조합본부 대표들을 수상관저에서 만났다. 회담 후 분위기가 나쁘지도 않았는데 역대 정권 때와는 달리 공동성명서 하나 발표되지 않았다. 더군다나 역대 정권에서 매월 열리던 수상과 함께하는 7월 모임은 언급도 되지 않았다. 한 술 더 떠, 대처는 7월 9일에 출간된 워킹페이퍼에서 노조파워 무력화 계획을 밝히기까지 했다. 이는 집권 두 달 만에 구체화된 대처의 노조파워 무력화 계획이었다.

그 후 대처는 집권 11년 반 동안 다섯 차례에 걸쳐 고용법과 노동관계법 제정 및 개정을 통해 노조파워를 무력화시켰다. 이 과정에서 대처는 철저하게 '법과 원칙'을 적용했다. 대표적인 예 하나를 든다. 대처는 집권 다음 해에 고용법을 제정한 후 이를 개정해 가면서 클로즈드숍 제도(노조원만이 회사원이 될 수 있는 제도)의 지나친 보호조항을 점점 약화시켜 갔고, 1988년에는 클로즈드숍 제도의 법적 보호규정을 완전히 삭제하고 말았다. (박동운, 2004)

중요한 내용 몇 가지만 보자.

1980년 고용법 제정
· 클로즈드숍 제도의 지나친 보호조항 개정: 클로즈드숍을 채택할 때 비밀투표 의무화
· 동정同情파업 불법화
· 동정파업을 주도한 노조간부에 대한 면책조항 삭제

1982년 고용법 개정
· 클로즈드숍 제도를 더욱 약화: 5년마다 비밀투표를 통해 클로즈드숍 유지여부 결정
· 노사분규 대상을 명문화하고, 정치적 파업 등과 관련해 노조간부의 면책특권 제한

1984년 고용법 개정
· 노동조합의 면책특권 약화
· 고용주의 명령권 강화

1984년 노동조합법 개정

· 노조파업 때 파업여부에 관한 사전투표 의무화
· 노조간부는 5년마다 조합원의 비밀투표를 통해 선출되도
  록 의무화

1988년 고용법 개정

· 노조의 면책특권 완전 박탈: 클로즈드숍에 대한 법적 보호
  규정 삭제
· 투표절차 엄격 규제
· 노조에 반대할 수 있는 개별근로자의 권리 확대

대처가 구조개혁 과정에서 노조파워를 어떻게 무력화시켰
는가는 하나의 역사적 사건으로 기록되어 있다. '제왕帝王' 같
은 노조위원장 스카길을 항복시킨 싸움을 보자.

1983년 6월 선거에서 승리한 대처는 1기에 마무리 짓지 못
한 정책과제들에 손대기 시작했다. 그 중 하나는 효율성이 낮
은 탄광 구조개혁이었다. 1984년 3월 6일 석탄공사 맥그리거
총재가 대처의 구조개혁의 일환으로 효율성이 낮은 탄광 20개
소를 1985년에 폐쇄·통합하고 직원 2만 명을 감원한다는 계
획을 노조측에 제시했다. 석탄노조는 곧바로 파업에 들어갔다.
대처는 석탄노조 파업이 장기화하리라고 예상해 석탄을 몰래
수입해 놓는 등 대비책을 철저하게 마련했다. 이 파업은 대처
의 정치철학에 대한 전면적인 도전이라는 것을 대처와 노조위

원장 스카길 둘 다 잘 알고 있었기에 양쪽 다 한 치도 양보할 수 없었다.

스카길은 두 차례나 파업권 확립을 요구하는 노조원들의 투표를 실시했으나 실패했다. 그러자 그는 각 지부가 일제히 파업에 돌입하는 전국적 파업 전술을 채택했다. 그러나 생산성이 높은 주(州)의 탄광 노조원들이 반대하는 바람에 성공하지 못했다. 이 결과 석탄노조가 1984년 3월 6일에 시작해 363일 동안 끌어오던 파업은 드디어 스카길 위원장의, 1985년 3월 3일 "여러분, 투쟁은 물론 계속합니다. 그러나 파업은 끝입니다"라는 선언으로 끝이 나고 말았다. 스카길은 1974년 전국탄광파업을 통해 당시 보수당 히스 정권을 무너뜨린 '제왕' 같은 노조위원장이었다. 그러한 그가 '철의 여인' 대처 수상 앞에서는 무릎을 꿇고 만 것이다.

대처의 과감한 노동개혁은 영국을 노동시장 유연성이 미국만큼이나 높은 나라로 만들었다. 1985년 영국의 노조조직률은 50.5%였는데 2000년에는 15년 전보다 무려 31% 포인트 감소한 29.5%로 낮아졌다. 또 OECD가 발표한 '고용보호' 수준을 보면, 영국은 1998년과 2003년 고용보호가 심하지 않기로 OECD 국가 가운데 미국 다음이다.

마거릿 대처의 노조파워 무력화 정책은 우리에게 교훈을 준다. 그것은 마거릿 대처가 당시 노조천국 영국에서 노조파워를 철저하게 '법과 원칙'으로 다스렸다는 점이다.

'세계 최초의 민영화 수출국가'

영국은 1945~1951년 집권 노동당 정부가 고용 창출과 사회간접자본 마련을 위해 전기, 통신, 도로, 항만, 조선 등 주요 기간산업과 공익산업을 국유화했다. 당시 국유화는 사회주의 열풍에 힘입어 영국뿐만 아니라 프랑스, 독일 등에서도 유행처럼 확산되었다. 그러나 계속된 국유화는 공공부문의 팽창과 비효율을 가져올 수밖에 없었다. 영국정부는 적자에 허덕이는 공기업을 세금으로 보조해야 했다. 영국의 재정적자는 증가했고, 정부는 팽창해 갔다. 이를 놓고 마거릿 대처는 1979년 총선거에서 "영국경제의 두 가지 가장 큰 문제는 국유기업의 독점과 노동조합의 독점"이라고 외쳤다. 수상이 된 대처는 민영화3)를 과감하게 추진했다.

마거릿 대처가 추진한 민영화의 목적은 다음과 같다. 첫째, 고객의 이익을 위해 정부의 사업과 서비스를 최대한 경쟁에 노출시켜 효율성을 촉진하게 한다. 둘째, 가능한 한 국민들의 주식 소유를 확산시킨다. 셋째, 정부가 매각하는 사업에서 최대의 가치를 획득한다.

마거릿 대처의 민영화는 메이저 총리까지 이어져 4단계로 추진되었다. 이 과정에서 국가전략 관련 일부 공기업을 제외하고 세계적인 공기업까지 무려 48개 주요 공기업과 다수 소규모 공기업이 매각되었다. 대처가 추진한 민영화 내용을 보자.

1단계(대처 정부 제1기: 1979~1983)

· 소규모 공기업, 민간기업과 경쟁이 가능한 공기업 등을 먼저 민영화
· 주식 매각, 경쟁 입찰 방식 등을 활용
· 항만 관리, 항공기, 유전 탐사, 통신, 도로운송, 석유 부문 매각

2단계(대처 정부 제2기: 1983~1987)

· 공기업의 투자재원 마련, 만성 적자 상태의 재정수지 개선이 목표
· 1985년 이전에는 매수제의와 다단계입찰 방식, 이후에는 국민주 방식으로 민영화
· 자동차, 항공, 통신 부문 매각

3단계(대처 정부 제3기: 1987~1991)

· 2단계와 동일한 방법으로 철강, 항공관리, 전력, 가스 부문 매각

대처가 추진한 공기업 민영화는 바로 효과를 나타냈다. 첫째, 48개 주요 사업과 다수 소규모 사업을 매각했는데 기업들은 정부 간섭에서 벗어나 효율성을 높일 수 있었다. 영국항만은 민영화된 지 6개월 만에 이익이 150만 파운드에서 680만 파운드로 급증했고, 영국항공은 종업원 1인당 생산성이 50%

이상 향상되었다. 둘째, 민영화는 정부독점에서 벗어나 민간 부문에 새로운 일자리를 마련했고, 신기술 도입과 경쟁 촉진을 통해 기업경쟁력을 높였다. 셋째, 민영화된 기업은 이윤극대화를 실현하려고 노력했기 때문에 고객에게 질 좋고 다양한 서비스를 제공해 고객의 이익을 증진시켰다. 넷째, 정부소유의 임대주택을 세입자에게 매각함으로써 중산층을 두텁게 했고, 국영기업 주식 매각을 통해 개인 주식소유자를 확대했으며, 국민주주화를 통해 민주적 자본주의의 기초를 튼튼하게 만들었다. 1979년 주식소유자 수는 300만 명이었는데 1993년에는 1000만 명이 넘었다. 다섯째, 주식 매각을 통해 약 600억 파운드(950억 달러)의 재원을 마련함으로써 공기업의 만성적인 외부차입을 근원적으로 제거하고, 재정적자를 해소할 수 있었다. 여섯째, 민영화는 결과적으로 '작은 정부' 실현에 크게 기여했다. (최양식, 1998)

대처 수상의 민영화정책이 성공을 거두자 이는 전 세계로 '수출'되었다. 대처는 영국을 '세계 최초의 민영화 수출 국가'로 만든 지도자로 잘 알려져 있다.

그러면 민영화정책은 어떻게 성공했는가? 첫째, 민영화가 단계적으로 추진되었다. 만일 민영화가 단계적으로 추진되지 않고 '혁명적'으로 추진되었더라면 성공하지 못했을 것이다. 둘째, 민영화 대상 공기업들은 다양한 전략을 세워 추진되었다. 예를 들면, 종업원의 반대가 심한 공기업은 종업원에게 주식을 무상이나 염가로 제공하는 전략으로, 경영층의 저항이 심한 공기업은 기존 공기업의 분리나 완전한 경쟁 도입을 일정 기간 연기해 주는 전략 등으로 대응했다. 특히 민영화가 개별기업에 경제력 집중과 특혜를 가져온다는 일반 국민들의 우려에 대해서는 국민주 방식으로 주식을 매각하거나, 민영화한 후 독점규제 장치나 별도의 감독기관을 만드는 등 적절한 정책을 세워 대응했다. 셋째, 민영화는 전체 구조개혁 전략의 일부로 추진되었다. 대처는 문자 그대로 민간에게 매각한다는 의미의 '민영화'를 유일한 전략으로 삼지 않았다. 대처는 민영화와 함께 민간위탁, 민간과 정부 내 팀 간의 경쟁 입찰제도인 시장시험 등을 동시에 실시했다. 넷째, 부작용을 최소화하면서 추진했다. 대처는 국가전략산업 보호와 민영화 부작용 최소화에 역점을 두고 민영화를 강력히 추진했다. 대처는 민영화 추진 과정에서 개인 또는 기관별 소유 지분 제한, 무의결권 주식 도입, 대상 기업의 사업 분할, 경쟁기업 육성, 정부의 황금주(golden share) 보유 등 다양한 방법을 통해 독점을 방지하고, 가격 인하와 서비스 향상을 도모했다.

대처는 경쟁을 통해 효율성을 높이고, 국민들에게 주식 소유를 확산시키고, 정부수입을 늘려 재정적자를 줄이려는 목적 등을 내세워 대부분의 공기업을 민영화했다. 그 성과는 대처가 영국을 '세계 최초의 민영화 수출 국가'로 만들었다는 표현에서 나타난다. 그런데 김대중 대통령은 1998년 2월 공기업 민영화를 내세워 임기 안에 24개 공기업 가운데 11개를 민영화할 계획이었다. 그러나 김대중 대통령이 추진한 민영화는 포항제철과 한국중공업을 제외하면 나머지는 규모가 작은 공기업인데다 그 실적도 목표치에 이르지 못해 사실상 용두사미龍頭蛇尾로 끝나고 말았다. 뒤이어 노무현 대통령은 취임 후 노조파워에 밀려 철도사업 민영화와 한전 분할을 포기함으로써 민영화에서 후퇴하고 말았다. 게다가 노무현 정부는 공공부문 비정규직을 공무원으로 정규직화하고, 공무원 수 증가, 공기업 신규채용 3% 증가 의무화 등으로 오히려 공기업을 확대시킴으로써 마거릿 대처와는 정반대의 길을 걸어 왔다.

'빅뱅Big Bang'을 이겨낸 금융개혁

마거릿 대처가 추진한 개혁 가운데 금융개혁처럼 우려를 자아낸 개혁도 없었다. 1986년 10월 27일에 추진된 금융개혁은 영국 금융시장을 붕괴시키고 말 것이라는 우려에서 '빅뱅Big Bang'이라고 불리게 되었다. 금융개혁에서는 개방과 규제철폐가 핵심이었다.

영국 금융시장은 1802년 런던증권거래소 설립 이후 국제금융의 중심 역할을 했으나 1970년대 이후로는 각종 규제와 폐쇄적인 운영 때문에 금융환경 변화에 적응하지 못한 결과 그 위상이 크게 약화되어 있었다. 한 예로, 금융개혁 이전인 1984년까지 런던증권거래소의 거래규모는 뉴욕시장의 6%, 동경시장의 18%정도에 지나지 않았다.

당시 영국의 증권회사는 업무영역 한정과 경쟁 제한으로

미국의 투자은행이나 독일의 대형 은행 등 외국 금융기관에 비해 경쟁력이 형편없이 뒤떨어져 있었다. 영국의 증권거래소는 회원에 대한 비회원의 출자한도를 29.9%로 제한했고, 은행업과 증권업을 분리·운영하는 전업주의專業主義를 실시했으며, 주식 매매 업무에서 자버jobber는 딜링 업무만을, 브로커broker는 중개 업무만을 담당하게 하는 단일자격제도를 실시했다. 게다가 1979년 대처가 집권 직후에 추진한 외환규제 철폐로 해외증권투자가 활발해지자 많은 영국주식이 수수료율이 훨씬 낮은 미국시장에서 주식예탁증권 형태로 거래됨으로써 영국에서는 금융공동화 현상이 발생했다.

이러한 상황에서 대처는 국제자본시장에서 런던금융시장의 역할을 강화하고 금융 산업의 경쟁력을 높이려고 했다. 그런데 금융시장 개혁으로 영국 금융 산업은 결국 무너지고 말 것이라는 우려가 지배적이었다. 그럼에도 대처는 1986년 10월 27일 금융시장 개혁을 과감하게 추진했다. (한국은행, 1997)

그 내용을 보자.

- 증권업 참여자격 확대: 외국증권회사에 문호 개방, 증권회사간 합병 허용, 외부인의 증권회사 지분보유를 100%까지 허용
- 겸업주의兼業主義 도입: 매매 업무만을 취급하던 자버와 중개 업무만을 취급하던 브로커의 구분을 폐지
- 결제시스템, 거래공시시스템 등을 개선: 기존의 증권거래 결제시스템을 보완하고 개선해 거래규모 확대와 국내외거

래 증대 등에 따른 결제를 용이하게 하고, 주가 및 거래동
향 속보를 지속적으로 공시하기 위한 제도 도입
- 수수료 자율화: 수수료 최저한도제도를 폐지해 수수료가
  브로커와 고객 간에 자율적으로 결정되게 함
- 투자가 보호 관련법 정비: 새로운 금융환경과 제도 면에서
  일반 투자가들을 보호하기 위해 금융서비스법 등을 제정

그러면 금융시장 개혁의 성과는 어떻게 나타났는가?

금융시장 개혁으로 거래비용이 크게 줄고, 중개효율이 크게
높아짐에 따라 외국 금융기관의 런던시장 진출이 확대되면서
영국은 국제금융시장으로서 위상을 회복하기 시작했다. 유럽
의 대형 은행들은 국제투자은행 업무의 거점을 런던에 구축했
고, 미국, 일본 등 외국 대형증권사들은 자회사를 설립해 런던
증권거래소에 가입했다. 은행업과 증권업의 겸업이 허용됨에
따라 은행들은 보험, 연기금, 투자신탁 등 다양한 업종의 자회
사를 소유하는 금융그룹을 형성했고, 외국계 자본과 은행자본
의 증권업 참여로 증권회사의 자본력도 크게 강화되었다. 금
융의 겸업화가 진전되면서 수요자 중심의 원스톱뱅킹One-stop
banking이 가능해졌고, 증권시장이 활성화되어 기업들의 직접
금융 수요도 쉬워졌다. 이 결과 런던증시는 경쟁력을 갖추게
됨으로써 현재 세계 2위의 금융시장 자리를 차지하고 있다.

한국경제가 1997년 12월 3일 IMF 관리체제에 들어가자마
자 정권을 인수한 김대중 정부는 IMF의 요구에 따라 구조개혁

을 추진하기 시작했다. 김대중 정부는 '4대 경제개혁'의 하나인 금융개혁 추진에서 부실한 금융기관 매각에 필요한 조건을 갖추기 위해 공적자금을 투입했다. 공적자금은 2002년 6월 말 현재 약 156조7000억 원이나 되었다. 그러고도 당시 액면가를 초과하는 은행주는 그다지 많지 않았다. 1997년 말 기준 금융기관의 부실 비율을 보면, 은행은 인가취소, 합병, 해산·영업정지된 경우가 14개로 42.4%, 증권은 8개로 22.2%, 보험은 15개로 30%, 종금 등 기타는 588개로 29.7%였다. 전체적으로는 2101개 금융기관 가운데 29.7%인 625개가 부실이라는 이유로 인가가 취소되거나 합병되거나 해산·영업정지되었다.

그러면 한국의 금융기관은 왜 이토록 부실했는가? 그 이유는 첫째, 한국의 은행들은 '주인'이 없었고 둘째, 정부의 금융규제가 지나치게 심했기 때문이다. 한 마디로 오랜 관치금융이 부른 결과인 것이다. (김한응, 2001)

그러면 만일 은행에 '주인'만 있게 하면 금융개혁은 성공할 수 있을 것인가? 그렇지도 않을 것이다. 금융규제가 완화 또는 철폐되지 않고는 금융개혁이 성공하리라고 기대하기란 쉽지 않다.

경제를 살려낸 규제개혁

마거릿 대처가 집권할 무렵 영국은 온통 규제로 뒤범벅되어 있었다. 이러한 여건에서 마거릿 대처는 규제를 과감하게 완화하고 철폐했다. 앞에서 언급한 대로, 마거릿 대처는 "성공의 비밀은 꼭 한 단어, 기업이라는 단어로 요약할 수 있습니다"라고 말했다. 대처는 구조개혁을 통해 기업을 살림으로써 사회주의 정책에 물들어온 영국경제를 자유시장경제로 바꿔 놓는 데 성공한 것이다. 기업을 살려 경제를 살리기 위해 대처가 규제를 어떻게 완화하고 철폐했는가 몇 가지 분야에 걸쳐 그 내용을 간략하게 살펴보자.

노동시장 규제

앞에서 논의한 대로, 마거릿 대처는 집권 기간 동안 다섯 차례에 걸쳐 고용법과 노사관계법 제정 및 개정을 통해 막강한 노조파워를 무력화시켜 노동시장을 유연하게 만들었다. 이 결과 클로즈드숍 제도의 지나친 보호 조항이 없어졌고, 2차 파업을 주도한 노조간부에 대한 면책특권이 박탈되었으며, 노조파업시 사전투표가 의무화되는 등 노동시장을 규제해 오던 요인들이 제거되었다. 현재 영국은 노동시장 유연성이 미국 다음으로 높다.

금융시장 규제

역시 앞에서 논의한 대로, 마거릿 대처는 집권 5개월 만인 1979년 10월에 외환관련 규제를 철폐하고 해외투자 규제를 완화했다. 1981년에는 보완적 특별예치금제도를 폐지했다. 1982년 7월에는 예금은행에 대한 규제를 철폐했다. 1986년

10월 27일에는 소위 '빅뱅'이라 불린 금융시장 개혁을 단행해 각종 증권시장 관련 규제를 완화하거나 철폐했다. 이 결과 영국은 현재 세계금융시장에서 중심에 자리 잡고 있다.

주택시장 규제

마거릿 대처는 집권 직후 주택정책에 관한 선거공약을 실천에 옮겨갔다. 당시 공영주택은 개인소유가 허용되지 않았는데 대처는 선거공약을 통해 '대중자본주의 실현'을 위해 공영주택 세입자들에게 주택소유를 허용하기로 약속했던 것이다. 이를 위해 1980년에 주택법을 제정한 후 1990년까지 해마다 주택법을 제정 또는 개정하면서 주택관련 규제를 완화 또는 철폐했다. 이 결과 1979~1988년 100만 채 이상의 공영주택이 판매되었다. 이처럼 대처는 공공주택 민영화를 통해 사유권제도를 확대했다. 주택정책은 뒤에서 다시 다루기로 하자.

마거릿 대처의 규제 완화 및 철폐는 이 외에도 엄청나게 더 많다. 몇 가지만 더 보자.
- 주식과 채권시장에서 새로운 발행 시기에 대한 규제를 철폐
- 도시지역의 버스서비스 규제 완화로 새로운 서비스가 도입
- 공공서비스 규제 완화로 경쟁이 심화되어 고객중심의 서비스가 제공되고 비용도 감소
- 외국인 투자가들의 자유로운 이윤 송금이 보장
- 외국인 투자가들에게는 낮은 소득세율이 적용되어 투자환

경이 개선

·수입규제 철폐

·법률서비스의 가격결정 자율화

규제 완화 및 철폐와 관련된 대표적인 예 가운데 하나로, 영국 정부가 외국인투자 유치를 지원하기 위해 개발한 원스톱 서비스One-stop Service(말 그대로 한 번의 연결(Single Point of Contact)로 고객이 원하는 모든 것을 해결해 주는 것) 프로그램을 소개한다.

영국은 잉글랜드, 스코틀랜드, 웨일즈, 북아일랜드로 구성된 나라다. 이 가운데 북아일랜드 산업개발청(IDB)이 외국인의 투자 유치를 위해 개발한 원스톱서비스는 영국을 세계 2위의 해외직접투자국(자본유입과 관련)으로 만드는 데 기여했다. (영국 대사관, 1998)

북아일랜드 산업개발청은 철저하게 고객 중심적인 조직으로 외국 투자가들에게 모든 업무를 원스톱서비스로 도와준다. 외국기업이 투자의사를 밝히면 국제경제 전문가인 산업개발청 담당자가 다른 분야 전문가들에게서 도움을 받아 사업타당성 조사에 들어간다. 사업계획 평가에는 약 3개월이 걸린다. 정부, 민간기업, 노조대표를 비롯해 14명으로 구성된 IDB 이사회는 정부예산 지원 규모를 정한 후 총의를 거쳐 사업지원 여부를 최종 결정한다. IDB는 공장건설 전문가들을 동원해 공장설계, 각종 인·허가, 도로, 용수, 전력 문제 등을 해결한다. 공장건설 청사진을 마련해 입찰에 부치는 데는 3개월이 걸리고, 8개월 만에 공장 신축과 기계 설치를 끝내고 바로 제품생산을 시작할 수 있도록 턴키방식(Turnkey System, 열쇠(Key)를 돌리면(Turn) 모든 설비가 가동되는 상태하에서 인도하는 플랜트(Plant) 수출의 계약방식)으로 공장을 넘겨준다. 회사설립 절차를 끝내는 데는 3일밖에 걸리지 않고, 설립비용은 300~400파운드로 해결한다. 불필요한 규제와 간섭, 업무처리 지연과 같은 관료적인 문제를 막기 위해 프로젝트 담당자 한 사람이 사업타당성 조사에서 공장건설 완료까지 책임지고 일을 처리한다.

이처럼 영국은 규제 완화를 통해 외국인투자 유치를 위한 원스톱서비스를 개발한 결과 1990년 이후 해외직접투자가 미국에 이어 둘째로 활발하게 이루어져 왔다. 영국은 1970~2005년 무려 8167억 달러의 해외직접투자를 유치했다. 같은 기간 동안 한국은 겨우 632억 달러를 유치했을 뿐이다. (UNCTAD, 2007)

대처의 규제 완화 또는 철폐는 우리에게 소중한 교훈을 준다. 2004년 한 해 동안 한국기업은 중국에 50억 달러를 투자했다. 이 해 한국은 미국과 일본을 제치고 중국에서 해외직접투자한 나라 중 1위를 차지했다. 중국에 진출해 있는 한국기업의 수는 등록기업 1만여 개, 미등록기업 2만여 개인데 이들 한국기업이 중국에서 만들어낸 일자리는 150만 개나 된다고 한다. 한국기업의 지속적인 해외 진출로 한국경제는 산업공동화를 앓고 있다. 한국은 골프장 하나 건설하는 데 도장을 780개나 찍어야 했던 '규제공화국'이다. 노무현 정부에 들어와 출자총액제한제도를 완화해 달라는 기업가들의 목소리는 계속 묵살되어 왔다. 2007년 초 경기도 이천에 있는 하이닉스공장은 수도권에 자리 잡는다는 이유로 증설이 허가되지 않았다. 2007년 전반기 현재 공장을 새로 짓는 데 적용되는 규제건수는 35개, 수도권은 39개나 된다. 설상가상으로 한국에 진출한 외국기업들도 속속 빠져나가고 있다. 그들은 국내기업가들과 마찬가지로 이구동성으로 한국에서는 강성노조와 기업규제 때문에 기업 활동 하기가 어렵다고 말한다. 노무현 정부에 들어와 기업 활동을 옥죄는 경제관련 규제는 감소하기는커녕 오히려 증가했다. 한국은 대처를 배워 기업규제를 과감하게 완화 또는 철폐하지 않고는 경제를 살릴 수 없다.

평등주의를 깨뜨린 교육개혁

대처는 구조개혁에서 경쟁원리를 과감하게 도입했다. 교육도 예외는 아니었다. 대처가 추진한 교육개혁의 핵심은 노동당 정부가 도입한 '교육 평등주의'를 무너뜨리는 것이었다. 여기에서는 중등교육과 대학교육으로 나누어 교육개혁을 살펴본다.

영국의 중등교육은 본래 엘리트 양성이 목적이었다. '1944년 교육법'에 따라 공립학교 학생들은 중등교육을 받은 후 세 가지 진로 가운데 하나를 선택하게 되어 있었다. 그것은 대학 진학이 목표인 그래머 스쿨Grammar School, 기술을 가르치는 테

크니컬 스쿨Technical School, 일반학생들을 대상으로 하는 모던 스쿨(secondary modern school)이었다. 그런데 프라이머리 스쿨을 마친 11세 정도의 학생들은 진로를 결정하기 위해 '일레븐 플러스'라는 진로선택시험을 치러야 했고, 성적 결과에 따라 세 가지 스쿨 중 하나를 선택할 수 있었다. 부유한 계층의 자녀들은 일찌감치 사립학교로 가 고등교육을 받을 수 있었지만 부유하지 못한 계층의 자녀들은 능력이나 의욕이 있을 경우에 고등교육을 받을 수 있는 길이 공교육에 열려 있었다. 그것이 바로 그래머 스쿨이었다.

그런데 1940년대 노동당 정부에서 11세 정도에서 인생의 방향을 확정짓는 '일레븐 플러스' 시험을 놓고 찬반 격론이 벌어졌다. 이 때 '11세 어린 나이에 장래를 선택한다는 것은 바람직하지 않으므로 모든 학생들에게 평준화된 교육을 실시해야 한다'고 결론지어졌다. 이를 바탕으로 당시 집권당인 노동당 정부는 앞에서 언급한 세 가지 타입의 공교육을 하나로 통합한 '컴프리헨시브 스쿨Comprehensive School'을 도입했다. 이 결과 교육이 평준화되어 부유하지 못한 계층 학생들의 능력을 더 키워줄 수 있는 길이 막히고 말았다. 이러한 교육제도가 부른 결과는 '소수 엘리트'와 '대다수의 버려진 그룹' 간의 심한 불균형이었다. 진학의 길이 막힌 '낙오자' 무리들은 실업보험 창구로 직행했고, 대낮부터 술집에 모여들었다. 이는 바로 '영국병'의 일면이었다.

1979년 5월 대처 정부는 노동당 정부가 실시한 '교육 평등주의'가 공교육에 미친 잘못된 결과를 어떻게 바로 잡을 수 있느냐 하는 것을 최대과제로 삼았다. 대처는 종전의 엘리트 교육에서 탈피해 '온 국민을 위한 교육'을 실현하려는 의욕에 불탔다. 대처의 교육개혁 내용은 '혁명적 변화'를 일으킨 '1988년 교육개혁법'에 잘 나타나 있다. 이는 교육을 전문가와 관료의 독점에서 해방시켜 소비자인 부모와 아이들의 수요에 맞춰 질을 높인다는 것이었다. 그 내용은 부모의 권리 강화, 교육에서 소비자 우선, 경쟁원리 도입, 시장원리 도입이었다.

대처는 대학교육 개혁에서도 '경쟁원리'를 도입했다. 당시 대학진학률은 10명에 1명꼴로, 22%나 된 미국의 흑인보다도 낮았다. 당시 대학생들은 지방자치단체와 정부에서 학비와 생활비를 보조받고 있었는데, 이를 놓고 대처는 '특권적 대우에 안주해 다른 9명의 납세자의 노고를 잊어서는 안 된다'고 말하고 학비보조를 비판했다. 그 후 대처는 대학수업료의 일부 또는 전부를 학생들이 부담하게 해 대학의 재정기반을 강화시키고, 그 대신 대학은 입학자 수를 자율적으로 증가시키도록 했다. 이로 인해 대학은 경쟁체제를 갖추게 되었다.

1985년 1월 29일 옥스퍼드대 출신의 역대 수상에게 관례적으로 주었던 명예박사학위를 대처에게도 줄 것인가를 결정하는 교수회의가 열렸다. 대처는 학위수여가 거부되었다. 그 이유는 '대학예산 삭감과 교육의 질 저하를 획책하고 있는 대처 수상에게 학위를 수여할 필요가 없다'는 것이었다.

대처는 이에 아랑곳하지 않고 같은 해 3월 "대영제국이 광

대한 식민지를 잃고 난 이후 영국의 대학이 저지른 잘못은 새로운 국가적 사명에 눈을 감은 것이다"라고 말하고, "대학은 국제경쟁을 이겨나가기 위한 산업계의 수요에 부응해야 할 사회적 책임을 게을리 했다"고 대학을 비난했다. 이렇게 해서 '혁명적 변화'를 일으킨 '1988년 교육개혁법'이 등장하게 된 것이다.

한국 교육의 대표적인 문제점은 오래 동안 유지해온 고교평준화 교육과 교육 규제다. 고교평준화 교육에 관해 김철수 전 서울대 교수는 "교육에서 평등은 능력에 따른 차이를 인정하는 상대적 평등이다. '같은 것은 같게, 다른 것은 다르게' 취급하는 것이 평등의 이념이다"라고 지적하면서 고교평준화는 위헌이라고 밝혔다(동아일보, 2002.2.18.). 또 정운찬 전 서울대 총장은 2006년 대학입시에서 본고사를 부활시켜야 한다고 주장했다. 김철수 교수의 견해나 정운찬 총장의 주장은 교육에 경쟁원리를 도입해야 한다는 것을 의미한다.

한국 대학교육의 문제점은 지나친 규제에서 잘 나타난다. 대표적인 예를 하나 들어보자. 2005년 4월 당시 김진표 교육부총리는 '세계적 경쟁력을 갖춘 대학 15개 정도가 만들어지면 본고사, 고교등급제, 기여 입학제를 금지한 현행 3불不정책을 완화할 수 있다'고 밝혔다. 당시 세계 100위 안에 드는 대학이 한 곳도 없는 나라에서 세계가 알아주는 대학을 15개나 만들고 나서야 '3불 정책' 완화를 고려하겠다는 교육부총리의 말은 두고두고 3불 원칙을 고수하겠다는 뜻으로 이해할 수밖에 없다. 실제로 노무현 대통령은 집권 기간 내내 평준화 교육과 교육 규제를 고수했다. 우리는 글로벌시대에 국가 발전을 위해 교육에도 경쟁원리를 과감하게 도입한 대처의 교육개혁을 배워야 한다.

친시장적 복지정책을 적용한 공공주택 민영화

대처가 2002년에 출간한 『국가경영』을 읽노라면 대처가 추진한 구조개혁 가운데 분배정책이 가장 친시장적이 아닐까 하는 생각이 든다. 앞에서도 언급했듯이, 대처는 몇 해 전 「여성 자신」이라는 잡지와 한 인터뷰에서 다음과 같이 말했다.

"문제가 생기면 정부가 알아서 해결해줄 것이라고 생각하는 사람들이 너무 많은 시대를 거쳐 왔다고 나는 생각합니다. 사람들은 '문제가 생겼다. 가서 보조금을 얻어와야지'라든가, '노숙자가 됐어. 정부가 반드시 내 거처를 마련해줘야 해'라고 생각하는 겁니다. 이 사람들은 자기들의 문제를 사회에 떠넘기고 있습니다. 그런데 솔직히 사회라는 건 존재하지 않습니다."

'사회'란 무엇인가? 브리태니커 백과사전에 따르면, 사회란 '공동생활을 하는 인간의 집단'이다. '사회'에는 잘 사는 사람이 있는가 하면 못사는 사람도 있다. 공동생활이 잘 이루어지려면 '사회'는 문제가 있는 사람들을 돌봐야 한다. 그런데 '사회'란 현대적인 시각에서 보면 '국가'다. 그러면 문제가 있는 사람들을 돌봐야 하는 국가란 어떤 국가인가? 그것은 '사회'만을 강조한 '사회주의'국가다. 사회주의국가에서는 사람들이 게으르기 마련이다. 그래서 사회주의는 경제적 효율성을 살리지 못하고 사라져버렸다. 이렇게 볼 때, '사회라는 건 존재하지 않는다'라는 말은 대처가 추진한 복지정책의 성격이 어떤 것인가를 시사해줄 수 있다.

대처는 『국가경영』에서 자신이 추진한 복지정책의 방향을 소개했다.

첫째, 국가는 가정의 지불능력을 따지지 않고 누구에게나 훌륭한 기초교육과 적절한 의료서비스를 제공해야 한다.

둘째, 국가는 특정집단에게 자본축적을 통한 재산획득 기회를 마련해 주어야 한다.

셋째, 복지정책 수립에서는 시장을 왜곡하거나 의욕을 꺾지 않도록 해야 한다.

넷째, 국가는 특정집단을 위한 복지정책 시행에서 개인의 선택권을 최대화해야 한다.

분배정책이나 복지정책은 크게 '기회의 평등'과 '결과의 평등'으로 나뉜다. 기회의 평등은 경쟁을 바탕으로 삼는 시장경제정책이다. 결과의 평등은 국가가 생산요소를 소유함으로써 모두 평등해질 수 있게 하려는 사회주의정책이다. 대처는 시장을 왜곡하거나 근로의욕을 낮추지 않는 방향으로 '개인의 능력'을 높이는 것이 바람직한 복지정책이라고 말한다. 대처는 '결과의 평등'을 내세워 평등을 실현하려는 정부는 '자유를 위협한다'고 경고한다. '평등과 자유', 우리는 프리드먼의 다음과 같은 유명한 말을 생각해볼 필요가 있다.

"평등을 자유보다도 앞세우는 사회는 결국 평등도 자유도 달성하지 못하게 될 것이고, 자유를 첫째로 내세우는 사회는 더욱 큰 자유와 보다 큰 평등을 달성할 것이다." (Friedman, 1979)

대처가 추진한 복지정책을 주택정책과 관련해 살펴보자. 대처가 정권을 잡기 전 영국에서는 공공주택의 사적소유는 전혀 허용되지 않았다. 집 없는 서민들은 공공임대주택에서 싼 임대료를 주고 살았다. 그런데 대처는 1979년 선거공약에서 '대중자본주의 실현'을 목표로 '공공주택 세입자들에게 공공주택 소유를 허용하겠다'고 약속했다. 정권을 잡은 대처는 1980년에 주택법을 제정한 후 1990년까지 임기 내내 거의 매년 주택법을 제정 또는 개정해 가면서 공공주택을 입주자들에게 싼 가격으로 팔았다. 이 과정에서 대처는 공공주택 입주자가 자신이 살고 있는 공공주택을 매우 싼 가격으로 구매하는 것을 허용하는 '구매권(right to buy)' 제도를 도입했다. 당시 구매권이란 공공주택에 세든 사람이 일정기간(2년~30년) 거주한 후 주택가격의 32~72% 수준의 싼 가격으로 자신이 살고 있는 공공주택을 매입할 수 있는 권한을 보장해 주는 제도다.

대처의 공공주택 민영화는 앞에서 언급한 대로, 대처의 복지정책—국가는 특정집단에게 자본축적을 통한 재산획득 기회를 마련해 주고, 복지정책은 시장을 왜곡하거나 의욕을 꺾지 않도록 해야 하고, 복지정책은 또한 개인의 선택권을 최대화해야 한다—은 그야말로 '친시장 복지정책'이 아닐 수 없다. 대처의 공공주택 민영화를 놓고 당시 많은 공공주택 세입자들은 더 열심히 일해 저축을 하는 등 국가가 제공한 사적 소유의 기회를 놓치지 않았다.

그 결과는 어떻게 나타났는가? 대처가 집권한 1979년 이후 1988년까지 100만 채 이상의 공공주택이 판매되었는데 이 가운데 3분의 2가 '구매권'에 의한 판매였다. 이들 공공주택은 사적소유가 허용됨으로써 '슬럼'에서 벗어날 수도 있었다.

한국에서 주택문제는 복지정책의 핵심이 되는 이슈이기 때문에 대처의 주택 관련 복지정책은 시사하는 점이 많다. 노무현 정부는 2012년까지 공공임대주택을 총 주택의 12.5%까지 짓겠다고 계획을 세운 적이 있다. 주택보급률이 100% 가까이 이른 상황에서 공공주택을 전체의 12.5%까지 짓기만 한다면 그 결과는 어떻게 될 것인가? 그래서 필자는 대처의 주택정책을 바탕으로 다음과 같은 정책을 제안한다.

첫째, 정부는 마거릿 대처가 추진한 것처럼, 공공임대주택에서 일정 기간 거주한 세입자가 원할 경우 세입자에게 '매입권'을 주어 그 임대주택을 사적으로 소유하게 함으로써 민영화하는 것이 바람직하다. 이는 사적소유권 확대를 통해 시장경제를 활성화시킬 수 있는 정책이다. 선진국의 경우 공공임대주택은 사적소유가 아니기 때문에 환경이 깨끗하지 못하고, 온종일 범죄의 온상이 되고 있다는 점도 타산지석으로 삼아야 한다.

둘째, 공공임대주택제도는 세입자의 근로의욕을 높이는 쪽으로 운영되어야 한다. 공공임대주택 세입자가 일정 기간 거주한 후 소유를 위해 매입할 수 있게 하기 위해서는 '공공임대주택 매입 저축' 같은 금융상품을 개발해 무주택자들의 근로의욕을 높일 필요가 있다. 이는 주택정책을 통해 무주택 저소득층의 근로 및 저축 의욕을 높이게 될 것이다. 이를 위해 우리는 현행 주택청약제도를 활용할 수 있다.

셋째, 공공임대주택보다는 시장원리가 바탕이 되는 민간임대주택에 역점을 두고 주택정책을 펴나가는 것이 바람직하다. 정부가 주택건설까지 개입하게 되면 한국경제가 잘못된 방향으로 나아갈 수 있다.

국민의 의식을 바꿈

대처는 구조개혁을 통해 사회주의 사상에 물든 영국 국민의 의식까지도 크게 바꿔놓았다. 영국의 민영방송 ITV와 「선데이 타임즈」가 1988년 6월에 공동으로 실시한 설문조사 결과가 이를 밝혀주었다. 이 설문조사는 다섯 가지 기준을 중심

으로 사회주의 가치관과 대처주의 가치관을 비교한 것이었다. (타카하타 아키오, 1989)

조사결과에 따르면, '강력한 대처주의자'는 국민 전체의 18%에 불과했지만 이 외에 41%가 '대처정책 지지자' 또는 '동조자'로 밝혀져 모두 합하면 약 60%의 국민이 대처정권에 만족하고 있었던 것으로 나타났다.

여기에다 대처 정권의 경제정책에 만족하고 있다는 비율은 비숙련 노동자의 76%, 중류 전문직의 88%, 노동당 지지자의 3분의 2, 실업자의 3분의 1이나 되었다.

설문조사 결과는 당시 영국 국민의 견해처럼 요약할 수 있다. 첫째, 사회주의적인 평등이나 평등한 수입보다는 일한 만큼 보답을 받아야 하며 재산 소유의 자유를 원한다. 둘째, 인위적인 완전고용보다는 생산성, 능률을 중시해야 한다. 셋째, 빈부격차가 확대되는 것을 우려하지만 '지나친 복지가 자립의 지와 근로의욕을 상실시킨다'는 것도 우려한다.

이는 곧 대처혁명 10년을 경험한 영국 국민 대부분이 당시 영국사회에 만연한 사회주의 병폐를 싫어한 반면에 대처정권의 구조개혁 성과를 인정했다는 것을 의미한다. 한 마디로 사회주의에 물든 영국 국민의 의식이 변한 것이다.

이와 같은 영국 국민의 의식 변화는 마거릿 대처의 통치철학이 가져온 결과다. 한 예로, 노동자에 대한 마거릿 대처의 생각이 어떠했는가를 살펴본다.

EC는 1988년 완성을 목표로 개최된 한 수뇌회의에서 가입

국가 12개국 공동으로 '노동자권리보호조항' 제정을 제안했다. 이 자리에서 마거릿 대처 수상은 다음과 같은 이유를 내세워 이 조항의 제정을 반대했다.

"노동자를 특정 인종이나 계층으로 인정하는 것은 잘못입니다. 그 얼마나 따분한 마르크스주의적인 교리입니까? 우리의 책임은 국가가 노동자에게 직업을 던져주는 의무가 아니고 모든 EC 국민들에게 재능을 스스로 발휘해서 성공할 기회를 평등하게 보장받게 하는 일이 아니겠습니까? '노동자'는 우리들과 다른 특별한 존재가 아닙니다. 나도 여러분들도 모두 노동자이며 오너(주택, 자본, 기업 등의 소유자)입니다. '노동자'를 특별 취급하는 식의 시대착오적인 교리는 이제 더는 통하지 않습니다." (타카하타 아키오, 1989)

대처가 우리에게 주는 교훈

지금까지는 영국을 시장경제국가로 살려낸 마거릿 대처의 생애, 통치철학, 구조개혁을 살펴보았다. 이제는 마거릿 대처의 구조개혁이 우리에게 주는 교훈이 무엇인가를 정리하자.

이 장의 목적은 한국경제 회생을 위한 방안 제시에 있음을 미리 밝혀둔다. 그 내용은 다음과 같이 요약된다. ─ 한국의 정치지도자들은 한국경제에 관한 비전을 갖고, 시장경제 철학을 바탕으로, 현 시점에서는 무엇보다도 투자 촉진에 전력투구해야 한다. 투자 촉진을 위해서는 규제 완화 또는 철폐와 노동시장 유연성 제고가 시급한 과제다.

지도자는 비전을 제시해야 한다

마거릿 대처는 비전을 갖고 국가를 다스린 정치지도자다. 보수당 당수에 선출된 대처는 1975년 2월 20일 상·하원의원들과 당대표들이 참석한 런던의 한 호텔에서 당수 취임 수락 연설회를 했다. 연설 내용은 '비전을 잃은 사회는 망한다'는 것이었다.

"여러분, 우리 보수당에는 잇따라 위대한 지도자가 나왔습니다. (중략) 나는 용기와 결단과 관용으로 나의 직무를 다 할 각오입니다.

우리 보수당은 지금까지 확고부동한 비전을 갖고 나라살림을 담당해 왔습니다. 그러나 불행하게도 미래에 대한 비전을 잃은 적도 있습니다. 비전이 없는 사회에서 인간은 틀림없이 망하는 법입니다. 목적도 사는 보람도 없이 그저 공기를 마시고 살아간다는 것만으로는 위대한 사회라고 부를 수 없습니다. 과거의 영국인들이 그토록 무기력했다면 저 위대한 대영제국은 태어나지 않았을 것입니다. 엘리자베스 1세 시대의 모험심에 찬 항해로 인한 신대륙 발견 같은 것은 없었을 것입니다." (Gardiner, 1975)

마거릿 대처는 또 1992년 9월 3~4일 고려대 초청을 받아 가진 '인촌기념강연'에서 다음과 같이 말했다.

"영국의 새로운 보수당 정부는 원리와 정책에 입각해 사회주의 정책을 되돌려 놓고 자유의 영역을 확대시킬 준비가 되어 있었습니다. 영국이 이러한 과업을 시도하는 최초의 국가가 될 각오가 되어 있었습니다. 만약 우리가 성공한다면 다른 나라들도 뒤따를 것이라고 생각했습니다. 그리고 우리는 성공했습니다. 다른 나라들이 뒤따랐습니다. 그리고 다른 나라들은 아직도 우리를 뒤따르고 있습니다."

두 가지 인용 내용은 마거릿 대처가 제시한 비전이 어떤 것이었는가를 분명하게 보여준다. 첫째 비전은 영국을 옛 대영제국처럼 영화로운 나라로 만들겠다는 것이고, 둘째 비전은 영국에서 사회주의를 몰아내겠다는 것이다.

이 두 비전은 모두 실현되었다. 첫째 비전을 보자. 오늘날 영국은 한반도 면적의 1.1배에 지나지 않는 작은 나라이지만 경제규모는 세계에서 네 번째로 큰 G4다. 이것뿐만 아니라 영국은 경제성장이 안정적이고, 미국 못지않게 시장경제가 활성화된 선진국이다. 둘째 비전을 보자. 마거릿 대처는 구조개혁에 성공함으로써 1980년대 이후 사회주의를 추방하고 시장경제를 정착시킴으로써 세계역사를 바꿔놓은 지도자다.

그래서 한국의 정치지도자들은 마거릿 대처처럼 국민들 앞에 비전을 제시할 수 있어야 한다. 그러면 그 비전은 어떤 것이어야 할 것인가? 경제와 관련해 나는 다음과 같이 제안한다.

한국의 정치지도자들은 눈을 밖으로 돌려 지혜를 구해야

한다.

시장원리를 도입해 세계 제일의 시장경제국가로 만든 영국의 대처 수상, 역시 시장원리를 도입해 규제가 가장 심한 나라에서 규제가 가장 약한 나라로 탈바꿈한 뉴질랜드, 경쟁정책을 과감하게 도입해 노키아라는 세계 일등 기업 하나로 나라전체가 일등이 된 핀란드, 규제 완화로 전 세계에서 투자가들을 용광로처럼 빨아들여 1인당 소득을 1990년에 1만 달러, 1998년에 2만 달러, 2003년에 3만 달러, 2005년에 4만 달러로 끌어올려 불과 15년 동안에 1만 달러에서 4만 시대까지 연아일랜드, 한국의 정치지도자들은 이들을 배워야 한다.

지금은 무한경쟁 시대다. 패러다임이 '경쟁'인 시대에 개혁의 방향은 '시장경제 활성화'뿐이다. 한 걸음 더 나아가 시장경제 활성화를 위해서는 기업을 살려야 한다. 우리는 한국기업을 세계 1등 기업으로 만들어야 한다. 그래야만 한국경제는 무한경쟁시대에 살아남을 수 있다. 그래야만 한국경제는 성장할 수 있다. 그래야만 한국경제는 1인당 소득 2만 달러, 3만 달러, 나아가 4만 달러 시대도 열 수 있다. 그래야만 우리는 후손들을 위해 높고 높은 한국경제의 위상을 물려줄 수 있다.

위기의 한국, 시장경제가 돌파구다[4)]

마거릿 대처는 대학생 시절부터 1944년에 출간된 하이에크의 『노예의 길』을 읽으면서 시장경제를 신봉했다. 대처는 보수당 히스 수상이 정책을 엉뚱한 방향으로 이끌고 가 노동당에게 정권을 내주게 되자 1974년 키스 조지프가 세운 '정책연구센터' 부소장으로 일하면서 시장경제에 관한 책을 열심히 읽었다. 그러면서 대처는 사회주의 열풍에 사로잡혀 '시장경제'라는 말도 사용하기 어려웠던 1970년대 중반에 영국을 시장경제국가로 살려놓겠다는 계획을 세워나갔다.

마거릿 대처의 시장경제에 대한 믿음은 1980년대 이후 세계 역사를 시장경제로 바꿔놓는 데 크게 기여했다. 대처가 1979년 5월 집권과 동시에 추진한 구조개혁이 성공을 거두어가자 규제공화국 뉴질랜드가 1984년부터, 바로 뒤이어 아일랜드가 1987년부터 마거릿 대처의 길을 따랐다. OECD는 이 과정을 지켜보면서 1990년 「구조개혁의 진전」이라는 보고서를 출간해 회원 국가들에게 마거릿 대처의 길을 따르도록 권고했다. 수많은 구 사회주의국가들이 오늘날 한결같이 시장경제를 채택하고 있다는 사실 또한 대처리즘이 1990년대 전후로 사회주의 붕괴에도 기여했을 것으로 생각한다. 여기에다 2000년대에 들어와 대처리즘은 확실하게 빛을 발했다. 독일의 슈뢰더 전 총리는 2003년 8월 '2010 아젠다agenda(안건, 의사일정)'가 국회를 통과한 후 '독일 자체가 망하지 않게 하기 위해 분배 중심의 사회주의정책을 버리고 성장 중심의 시장경제정책을 펴겠다'고 선언했다. 슈뢰더 전 총리가 정권을 내주기는 했지만 뒤를 이은 앙겔라 메르켈 독일 총리도 이미 '제2의 대처'로 불릴 만큼 시장경제를 옹호하고 있다. 스웨덴은 2006년 9월 정권교체를 통해 중도우파 집권세력이 들어선 뒤 복지정책을 수술해가면서 시장경제 중심의 개혁정책을 펴오고 있다. 프랑스는 2007년 5월 대통령에 당선된 니콜라 사르코지 대통령이 벌써부터 시장경제를 중시하는 '바지 입은 대처'로 불리고 있다.

한국경제는 1997년 12월 외환위기로 IMF 관리체제를 경험한 이후 위기를 벗어나지 못하고 있다. 특히 노무현 정부에 들어와 평등주의가 한국사회의 구석구석까지 지배해 왔기 때문이다. 한국은 지금 사회주의 열풍에 사로잡혔던 1970년대의 영국과 많이 다를 것이 없다. 한국이 위기에서 벗어나기 위해서는 시장경제가 돌파구다. 한국의 정치지도자들은 마거릿 대처처럼 구조개혁을 과감하게 추진해 평등주의를 몰아내고 한국경제를 시장경제로 바꾸어야 한다.

투자를 촉진해야 한다

마거릿 대처는 정권을 잡자마자 경제를 활성화시키기 위해 노동시장, 금융시장, 주택시장 등 경제전반에 걸쳐 기업 활동과 국민생활을 옥죄는 온갖 규제를 과감하게 완화하거나 철폐하기 시작했다. 외국인 투자와 관련된 대표적인 예를 든다. 대처는 집권 직후 외국인 투자를 유치하기 위해 외환시장 규제를 과감하게 철폐하고, 법인세율과 소득세율을 낮추고, 외국인 투자자들의 이윤 송금을 자유화시키는 등 여러 가지 조치를 취했다. 대처가 규제를 완화하고 철폐한 결과 오늘날 영국은 미국보다도 규제가 더 약한 나라다(OECD, 1999). 규제가 세계에서 가장 약하다 보니 영국은 해외직접투자가 넘쳐나는 나라다.

1990~2005년 해외직접투자 유입액이 1위인 나라는 1조 7297억 달러의 미국이고, 2위는 7594억 달러의 영국이다. 그 뒤를 이어 중국(6168억 달러), 프랑스(5117억 달러), 독일(4106억 달러) 순서다. 2005년의 경우 영국은 해외직접투자가 1645억 달러로 미국(994억 달러)을 앞섰는데 2위 미국보다는 무려 65%나 더 많다. 영국에서 해외직접투자는 국내투자와 함께 성장의 엔진 역할을 톡톡히 해 왔다. 1990년 이후 선진국 가운데서 경제성장을 지속적으로 한 나라는 미국과 영국이라는 사실이 이를 입증해준다.

투자는 성장의 엔진이다. 최근 한국경제는 투자 위축으로 저성장의 덫에 갇혀들고 있다. 투자는 성장잠재력을 결정하는 주요 요인이다. 성장잠재력은 투자, 노동, 생산성에 의해 결정된다. 한국은 잠재성장률이 1980년대에는 7.8%였는데 1990년대에는 6.3%로 하락했다. 지금은 4%대까지 떨어져 있다.

한국의 잠재성장률이 이처럼 빠르게 감소한 이유는 투자 위축, 고용 증가 둔화, 생산성 증가 둔화 때문이다. 한국은 고용 증가율이 1980년대에는 1.7%였는데 1990년대 이후로는 1.2%로, 생산성 증가율은 1980년대에는 1.7%였는데 1990년대 이후로는 1.0%로 하락했다. 한국은 출산율이 1.17명으로 세계에서 가장 낮고, 생산성이 미국이나 일본의 3분의 1 수준이다. 이런 추세를 감안할 때 한국이 잠재성장률을 높여 지속적인 성장을 이룩하려면 무엇보다도 투자 촉진이 시급한 과제다.

그런데 최근에 들어와 투자는 계속 위축되고 있다. GDP 대비 국내총투자율과 설비투자율이 두드러지게 감소해 오고 있다. 한국에서는 왜 투자가 위축되고 있는가? 가장 중요한 이유는 온갖 규제가 기업 활동을 옥죄고 있을 뿐만 아니라 강성노조와 고용보호가 노동시장마저 경직시키고 있기 때문이다. 김영삼 정부에서 본격적으로 시작해 김대중 정부에서 감소하기 시작한 규제건수는 노무현 정부에 들어와 증가했다. 특히 기업 활동에 직접 영향을 미치는 경제 관련 규제는 마땅히 감소해야 하는데도 오히려 증가했다. 여기에다 외국기업들은 한국 하면 '강성노조'가 떠든다고 이구동성으로 아우성이다.

그러면 어떻게 해야 할 것인가? 기업 활동을 옥죄고 있는 온갖 규제를 완화 또는 철폐하고 노동시장 유연성을 높여가면서 투자, 특히 해외직접투자를 과감하게 유치해야 한다. 경제성장에서 해외직접투자의 역할은 매우 중요하다. 특히 한국은 국내기업마저 해외로 빠져나가고 있어 단기에 성장잠재력을 높이기 위해서는 해외직접투자를 유치하는 것이 무엇보다도 중요하다.

해외직접투자와 관련해 영국 못지않게 아일랜드는 우리에게 소중한 교훈을 준다. 아일랜드는 한반도 면적의 3분의 1, 남한 인구의 10분의 1에 지나지 않는 작은 나라지만 해외직접투자 유입액은 1995~2005년 1122억7000만 달러나 된다(한국은 같은 기간 549억8000만 달러). 또 아일랜드는 2005년 말 현재 해외직접투자 유입액 저량(貯量)이 2111억9000만 달러이고 이는 같은 해 GDP의 105.7%나 된다(한국의 2005년 말 저량은 632억 달러로 GDP의 8.0%). 이 결과 아일랜드는 1995년 이후 연평균 성장률이 선진국에서는 그 유례를 찾아볼 수 없는 7.6%나 된다(한국은 같은 기간 5.0%). 또 아일랜드는 1인당 국민소득이 1990년에 1만2494달러를 기록한 후 1998년에 2만1119달러, 2003년에 3만3148달러, 2005년에 4만1256달러를 기록해 불과 15년 동안에 1만 달러에서 4만 달러 시대를 연 나라다. 그런데 한국은 2005년 GDP 성장률이 세계 평균에도 미치지 못했고, 1인당 국민소득은 1995년에 1만1450달러를 기록한 후 2005년에 1만6457달러로, 15년 동안 1만 달러에서 맴돌고 있다.

무엇이 한 때 '한강의 기적'을 이룩했던 한국을 아일랜드와 다르게 만들었는가? 나는 그 이유를 세 가지로 본다. 아일랜드는 첫째 엄청난 해외직접투자를 유치했고, 둘째 규제를 과감하게 완화 또는 철폐했으며 셋째 노동시장 유연성을 높였기 때문이다. (박동운, 2005)

아일랜드는 법인세를 세계에서 가장 낮은 12.5%로 낮추는 등 규제를 미국과 영국 수준으로 완화한 결과 IBM, Intel, Microsoft, Oracle 등 세계적인 주요 기업들을 유치하는 데 성공했다. 이들 기업은 아일랜드를 유럽 진출을 위한 전진기지로 삼고 있다. 2002년의 경우 1094개나 되는 외국기업들이 아일랜드에 진출해 13만 명의 고용을 창출했고, 아일랜드 수출의 5분의 4, GDP의 4분의 1을 기여했다. 현재 세계 10대 소프트웨어기업 중 5개사가 아일랜드에 진출해 있고, 아일랜드에서 생산되는 제품이 유럽 전체 소프트웨어의 40-60%를 차지하고 있다. 아일랜드에서는 투자, 특히 해외직접투자가 성장의 엔진 역할을 톡톡히 하고 있다.

잠재성장률이 4%대로 떨어져 있는 한국에서 단기에 성장률을 높이기 위해서는 해외직접투자에 의존할 필요가 있다. 해외직접투자는 경제발전에 필요한 재원 마련의 최대 소스다. 이를 위해 한국은 기업규제를 과감하게 완화하거나 철폐하고 노동시장 유연성을 높이는 것이 시급한 과제다.

기업규제를 완화하거나 철폐해야 한다

영국은 세계에서 규제가 가장 약한 나라다. OECD는 생산물시장 규제, 국가통제·창업관련 대내규제, 무역·투자관련 대외규제, 국가통제, 창업관련 규제, 경제 규제, 행정 규제 7개 분야에 걸쳐 회원국들의 규제 정도를 평가하고 순위를 발표했다(OECD, 1999). 이에 따르면, 영국은 조사대상 21개국 가운데 무역·투자관련 대외규제에서만 3위를 차지했을 뿐 나머지 6개 분야에서는 모두 1위를 차지했다. OECD 국가 가운데 규제가 가장 약하면 세계에서도 가장 약할 것이다.

영국은 규제가 이처럼 약하다 보니 노동시장 유연성이 미국만큼 높고, 해외직접투자 유입액이 미국 다음으로 많을 수밖에 없다. 이는 마거릿 대처의 구조개혁이 가져온 결과다.

한국경제를 살리기 위해서는 투자를 촉진시켜야 한다. 투자를 촉진시키기 위해서는 무엇보다도 기업 활동을 옥죄고 있는 온갖 규제를 완화하거나 철폐해야 한다. 2006년 1월 재경부가 실시한 28번째 인터넷 여론조사에서 응답자의 43%가 규제 완화를 가장 시급한 과제로 꼽았다는 것은 그 근거가 될 수 있다. 한국은 한 때 골프장 건설에서 780개의 도장을 찍어야 하는 '규제백화점'이었다

규제 완화는 김영삼 정부에서 본격적으로 추진되었다. 김영삼 정부는 경제 활성화를 위해 완화 또는 철폐되어야 할 규제건수를 국민들 앞에 1만 개나 제시한 후 이를 완화하거나 철폐해갔다. 김대중 정부도 규제를 완화하거나 철폐해갔다. 그런데 노무현 정부에 들어와 규제는 감소하기는커녕 오히려 증가했다. 더군다나 기업 활동을 옥죄는 '경제 관련 규제'는 더욱 증가했다. 노무현 정부 첫 해인 2003년 1월부터 2005년 8월 10일까지 규제폐지는 166건, 규제완화는 132건, 신설규제는 518건, 강화규제는 337건으로 규제가 엄청나게 증가한 것이다.

재계는 해마다 규제 완화 및 철폐를 정부에 건의해 왔다. 재계는 2005년 초 12개 분야에 걸쳐 43개의 규제 완화 또는 철폐를 건의했고, 2006년 9월에도 여러 분야에 걸쳐 투자활성화를 위한 규제개혁과제를 건의했다. 2006년 9월의 건의 가운데 투자 관련 대표적인 규제 두 가지를 소개한다.

출자총액제한제도

출자총액제한제도란 자산총액 6조원 이상의 28개 기업집단 가운데 공기업, 지주회사 등을 제외한 14개 기업집단(대상기업은 343개)은 순자산액의 25%를 초과해 다른 국내회사의 주식을 취득하거나 소유하는 것을 규제하는 제도다. 이 규제제도는 외국기업은 예외로 하고 있어 국내기업만 차별한다. 이 제도는 한 때 폐기되었다가 김대중 정부에서 부활되어 지금은 지구상에서 한국에만 존재한다.

출자총액제한제도는 국내기업의 신규 법인 설립을 제한해 투자 저해, 기존기업 인수를 통한 투자 확대 저해, 초기에 대규모 자금이 필요해 리스크가 상대적으로 큰 첨단산업 등 신규 사업 진출 저해, 국내기업에 대한 출자가 자유로운 외국기업이 적대적 M&A를 시도할 경우 경영권 방어 저해, 기업경영의 불확실성을 가중시키는 등 여러 가지 면에서 국내기업의 투자활성화를 규제한다.

이런 점을 감안해서 재계는 출자총액제도의 조건 없는 폐지를 해마다 건의해 왔지만 정부는 귀를 막아 왔다. 만일 출자총액제한제도가 폐지된다면 대기업들은 당장 6조 원을 투자할 수 있고, 중기적으로는 60조 원이나 투자할 수 있다고 한다. 경제를 살리고, 일자리를 만들기 위해서는 출자총액제한제도와 같은 쓸데없는 규제는 마땅히 폐지되어야 한다.

수도권 규제

재계는 해마다 성장관리 지역 내에서 공장증설이 허용되는 업종 확대를 건의해 왔다. 현재는 IT 관련 14개 업종을 운영하는 대기업 공장에 한해서만 성장관리 지역 내 공업지역·기타지역에서 증설이 허용되고 있다. 그런데 현재의 허용업종은 산업 환경 변화를 반영하지 못하고 있고, 향후 경제 성장기반 확충에 대한 고려가 미흡하며, 규제로 인해 기존 수도권 내에서 공장을 운영하고 있는 기업이 지방에 일부 시설을 분산할 경우 제품생산에 차질이 생기게 된다. 따라서 재계는 변한 산업 환경을 고려해서 성장관리지역의 공업지역·기타지역 내에 증설이 허용되는 대기업 업종에 일부 업종 추가를 바라고 있다.

또 재계는 수도권 내 대기업 공장이전 허용업종 확대를 건의해 왔다. 현재는 과밀억제지역에서 성장관리지역으로 이전이 허용되는 업종이 제한적이고, 특히 미래 유망 산업이 반영되지 못하고 있다. 따라서 재계는 과밀억제지역에서 성장관리지역으로 이전이 허용되는 업종에다 첨단전자부품 및 소재제조업 등 '10대 첨단 성장 동력사업'에 포함된 업종을 추가해 줄 것을 건의해 왔다. 이 외에도 재계는 쉬지 않고 수도권 규제 완화를 정부에 건의해 왔다.

그런데 자세히 들여다보면, 이들 규제가 얼마나 무의미한 것들인가를 알 수 있다. 한국이 지금 경제를 살리기 위해서는 영국이나 아일랜드처럼 해외직접투자를 과감하게 유치하는 것이 바람직하다. 이를 위해 정부는 기업투자를 위축시키는 규제들을 과감하게 완화하거나 철폐해야 한다.

창업과 관련해 외국의 예를 하나 든다. 한국은 규제 때문에 창업에 드는 비용이 다른 나라보다 엄청나게 높다는 것은 잘 알려져 있다. 그런데 호주는 창업등록 비용이 거의 없고, 창업 절차는 두 가지에, 창업에 걸리는 시간은 6일에 지나지 않는다. 영국과 아일랜드는 원스톱서비스 제도를 도입해 외국인이 창업하거나 공장설립하기 쉽도록 도와준다. 홍콩은 여권만 갖고 기업등록처에 약 22만5000원을 내면 2시간 내에 외국인의 창업이 허가된다. 상하이는 외국인투자를 유치하기 위해 한 사람이 모든 일을 처리하는 원스톱서비스 제도를 최근에 도입했다. 아일랜드는 외국자본 유치를 위해 세계에서 가장 낮은 법인세율 12.5%를 적용하고 있다.

한국에서는 공장 설립이 얼마나 어려운가를 보자.(동아일보, 2007.5.17.) 중견 전자업체인 J사는 최근 수도권에 공장을 설립하기 위해 관련 인허가를 받느라 진땀을 뺐다. 생산설비를 늘리기 위해 넓은 공장용지를 찾아 한 지방자치단체에 공장설립 허가를 요청했지만 이런저런 서류만 요구할 뿐 허가를 내주지 않았다. J사는 결국 1년 3개월 만에 허가를 받았고, 비용도 눈덩이처럼 불어나 1억 3000만원이나 들었다. 특히 사전환경성 검토에만 6개월의 시간이 걸렸고 6000만 원을 부담했다. 한국에서 공장을 새로 짓는 데 적용되는 규제는 35개, 수도권의 경우에는 39개에 이른다. 이런 여건에서는 국내기업도 투자를 꺼리게 될 텐데 하물며 외국기업은 어떠하겠는가.

프레이저연구원이 발표한 '기업규제' 관련 '경제자유'를 보면, 한국은 기업규제 관련 경제자유가 2003년 130여 개국 가운데 78위였다. 다행히도 2004년에는 52위로 개선되었지만 기업규제 완화 또는 철폐를 통해 기업투자를 촉진시키지 않고 한국경제는 살아날 수 없다.

노동시장 유연성을 높여야 한다

대처는 노조천국 영국에서 노동문제를 철저하게 '법과 원칙'으로 다스렸다. 대처는 수상직을 세 차례나 역임하면서 집권 11년 반 동안 5차례에 걸쳐 노사관계법을 제정 또는 개정하면서 노조파워를 무력화시켰다. 이 결과 오늘날 영국은 노동시장 유연성이 미국만큼이나 높은 나라다. 영국은 이제 노조천국이 아니다.

여기에서 아일랜드 노동시장 이야기를 잠깐 곁들이기로 한다. 아일랜드는 1980년대 중반 극심한 노사분규와 임금상승으로 기업수익이 악화되고 경기가 부진하게 되자 경제의 고비용 축소를 놓고 노사간에 공감대가 형성되었다. 1987년 10월 제1 야당인 아일랜드 민족당의 앨런 듀크스 당수와 아일랜드 최대 노조인 전국노조연합이 제안해 노사정간에 임금안정, 소득세율 인하, 사회보장제도 개선, 고용증대 등을 주요 내용으로 하는 '국가재건을 위한 프로그램'이라는 사회연대협약(Social Partnership Agreement)이 체결되었다. 이를 바탕으로 아일랜드는

1987년부터 2005년까지 3년에 한 번씩 열리는 노사정간의 '사회연대협약'을 7차례나 체결하여 고도성장을 이룩할 수 있었다.

투자와 마찬가지로, 노동시장 유연성도 성장의 엔진이다. 노동시장이 유연한 미국, 영국, 캐나다 등은 경제성장이 지속적으로 안정적이고, 노동시장이 경직된 독일, 한국, 프랑스 등은 경제성장이 안정적이지 않다.

한국 노동시장은 매우 경직되어 있다. 프레이저연구원의 '노동시장 규제' 관련 '경제자유'에 따르면, 한국은 2004년 조사대상 130개국 가운데 '경제자유'가 높기로 79위다. 이 순위에서 미국은 9위, 영국은 21위, 일본은 19위다. 노동시장 유연성이 낮기로 유명한 독일은 104위다. 그런데 한 때 국가가 노동을 관리한 중국은 86위로 한국과 비슷하고 러시아는 43위로 한국보다 훨씬 높다. 또 OECD의 '고용보호'에 따르면, 정규직의 경우 한국은 고용보호가 심하기로 조사대상국 27개국 가운데 포르투갈에 이어 2위다(OECD, 1998).[5] 특히 IMD의 '노사관계' 관련 '국가경쟁력'에 따르면, 한국은 2006년 조사대상 61개국 가운데 61위로 꼴찌다. 이들 자료는 한국 노동시장이 얼마나 경직되어 있는가를 잘 보여준다.

그러면 한국 노동시장은 왜 이처럼 경직되었는가? 김대중 정부와 노무현 정부의 반시장 노동정책에서 그 대답을 찾을 수 있다(박동운, 2002). 김대중 정부와 노무현 정부의 노사분규 자료를 보자. 김영삼 정부 마지막 해인 1997년의 노사분규 내용을 보면, 발생건수 78건, 노사분규 참가자수 4만3000명, 근로손실일수 44만4000일이었다. 그런데 노사분규는 김대중 정부에서 급격하게 증가한 후 노무현 정부에 이르러 2003년 노사분규 발생건수 320건, 노사분규 참가자수 13만7000명, 근로손실일수 129만9000일을 나타냈다. 한 마디로 김대중 정부와 노무현 정부에서 노사분규 발생건수, 참가자수, 근로손실일수는 김영삼 정부에 비해 무려 3~4배 이상이나 증가한 것이다. (노동부, 2005)

그러면 한국은 어떻게 해야 노동시장 유연성을 높일 수 있는가? 마거릿 대처가 교훈을 준다. 첫째, 노동개혁을 추진하고 둘째, 노조를 '법과 원칙'으로 다스려야 한다.

노동개혁과 관련해 몇 가지 제안한다. (박동운, 2007)

첫째, 지나친 정규직 고용보호는 완화되어야 한다. 한국은 정규직 고용보호가 OECD 국가 가운데 포르투갈에 이어 두 번째로 심하다. 이를 놓고, OECD는 거의 해마다 「한국경제 보고서」를 발간해 한국은 노동시장 유연성을 높여야 한다고 강력하게 권고해 왔다. 산자부는 2003년 8월 소위 '사용자 대항권'으로 알려진 '노동관계법·제도 선진화 과제' 12가지를 발표했다. 이 가운데 하나가 '지나친 정규직 고용보호 완화'인데, 그것은 해고 때 통보기간을 현행 60일에서 30일로 단축해야 한다는 제안이다. 이 제안은 2005년 노동부가, 그리고 재계가 해마다 정부당국에 건의해 온 것이기도 하다. 재계는 또 해고 요건 중 '긴박한 경영상의 필요'를 '경영상의 필요'로 완화해야 한다고 건의해 왔다. 이들 제안은 노동개혁에서 반영되어야 한다.

둘째, 비정규직 고용보호는 완화되어야 한다. 비정규직 차별 철폐는 노무현 정부의 가장 중요한 노동정책 과제 가운데 하나였다. 노무현 대통령이 '비정규직 차별 철폐'를 강조한 후 '비정규직 이슈'와 관련해 얼마나 많은 노조파업이 한국사회를 강타했던가! 노무현 정부는 그동안 공공부문의 비정규직 일부를 공무원으로 전환시키는 등 비정규직 차별 철폐를 실시했고, 드디어 2006년 11월 30일에 2007년 7월 1일부터 시행될 비정규직 법안을 국회에서 통과시켰다.

그런데 비정규직 보호는 '지나치면' 안 된다. 비정규직 차별 철폐를 내세운 노무현 정부에서 비정규직 근로자가 185만 명이나 증가했다. 2007년 7월부터 시행될 비정규직 법안에 따르면, 비정규직 근로자가 2년 동안 일하면 자동으로 정규직으로 승격된다. 이런 경우 누가 비정규직을 고용할 것인가. 비정규직 법안 도입으로 비정규직 일자리만 사라지게 될 것이다. 비정규직은 경제가 좋지 않기 때문에 생긴다.

일본은 우리에게 좋은 교훈을 준다. 일본은 1992~2002년 장기불황에 빠져 정규직 대 비정규직 비율이 6대 4 정도로 심각한 상황이었다. 그러나 일본은 2003년부터 경제가 살아나면서 비정규직 이슈가 사라졌고, 근로자 1명을 놓고 이를 유치하기 위해 경쟁을 벌이는 기업가 수를 나타내는 구인배율求人倍率이 2를 넘는다. 일본에서 대학생의 취업은 입도선매立稻先

賣로 이루어지고 있다. 그러나 한국은 현재 정규직 대 비정규직 비율이 6대 4 정도로 심각한 상황이다. 한국은 구인배율이 0.25에 지나지 않고, 청년 구직자가 100만 명을 넘는다. 한국은 은행 신규채용이 100대 1, 공기업 신규채용이 140대 1을 넘는다. 경제가 좋지 않기 때문에 나타난 현상이다. 경제가 좋지 않을 때는 비정규직은 당분간 시장에 맡겨두는 것이 바람직하다. 경제가 좋아지면 기업은 비정규직이 아닌 정규직을 선호하게 될 테니까 말이다. 따라서 2006년 11월 30일에 국회를 통과한 비정규직 법안은 마땅히 개정되어야 한다.

셋째, 노조의 정치세력화는 금지되어야 한다. 한국은 노조 조직률이 약 10.6%로 다른 나라에 비해 낮은 편이다. 그러나 500인 이상의 대기업 노조 비중은 조합 수에서는 6%로 낮지만 조합원수에서는 70%로 높은데다 파업이 대부분 대기업 노조 중심으로 발생하고 있어 한국노조는 강성노조라는 지적을 받는다. 그동안 대기업 노조는 많은 요구를 내세워 경제에 나쁜 영향을 미친 수많은 파업을 주도해 왔다. 그런데 노조의 파업 가운데는 불법파업, 노조전임자급여 지급 등과 같이 법과 원칙에 어긋나는 경우도 적지 않았다. 정부는 마거릿 대처가 대응한 것처럼 잘못된 파업은 반드시 법과 원칙으로 과감하게 다스려야 한다.

이 외에도 노동시장 유연성을 높이기 위해 노동개혁에서 다뤄야 할 내용들은 노사정위원회 폐지 등이 더 있다.

주

1) 이 연구소는 닭의 대량생산으로 부자가 된 한 농부가 기금을 내 설립한 자유주의 관련 연구소다. 이 연구소는 노벨 경제학상 1974년도 수상자인 프리드리히 하이에크와 1976년도 수상자인 밀턴 프리드먼이 참여함으로써 영국에서 자유주의를 대변하는 최고의 연구기관으로 발돋움했다. 후일 프리드먼은 "IEA가 없었더라면 과연 대처혁명이 가능했을까 나로서는 매우 의심스럽다"라고 썼는데 IEA는 그야말로 마거릿 대처가 구조개혁을 추진해 성공할 수 있게 만든 시장경제정책의 산실이었다.

2) 대처리즘의 본질은 대처가 2002년에 출간한 『국가경영Statecraft』에 잘 나타나 있다. 나는 이 책의 '11장 자본주의와 자본주의의 비판자들'을 바탕으로, 가급적 원문을 훼손하지 않으면서 축소해 다음 글을 마련했다.

3) 대처 정부는 '민영화'라는 용어 선택을 놓고 우여곡절이 많았다. 처음에는 '상업화(commercialisation)'라는 용어가 등장했지만 적절하지 않은 것으로 지적되었고, 뒤이어 '비국유화(denationalisation)'라는 용어가 등장했지만 국유화되지 않은 기업도 포함된다는 문제점이 지적되어 결국 '민영화(privitisation)'라는 용어가 자리를 잡게 되었다. (Yergin 등, 1998)

4) 이 제목은 내가 쓴 책인 『위기의 한국 시장경제가 돌파구다』 (월간조선사, 2005)에서 가져온 것임을 밝힌다.

5) 정규직 고용보호의 경우 한국은 2003년 28개국 가운데 16위를 차지했으나 이는 법조문 하나 고치지 않고 개선된 것이어서 신빙성이 없다. 이에 관해서는 박동운, 『위기의 한국 시장경제가 돌파구다』(월간조선사, 2005)에서 219쪽을 참조하면 된다.

참고문헌

박동운, 『노동시장 유연성』, 자유기업센터, 1997.

_____, 『개방경제 거시경제론 – 이론과 정책』, 1999.

_____, 『구조개혁과 실업대책 – OECD 국가들의 경험을 중심으로』, 집문당, 2000.

_____, 『Q&A 형식으로 엮은 시장경제 이야기』, FKI미디어, 2001.

_____, 『시장경제인가, 反시장경제인가 – 김대중 정부의 구조개혁 평가』, 자유기업원, 2002.

_____, 『한국 노동시장, 지금 어디로 가고 있는가 – <Q&A> 노동시장 유연성의 국제비교』, FKI미디어, 2003.

_____, 『대처리즘: 자유시장경제의 위대한 승리 – 구조개혁에 성공한 마거릿 대처 전 영국 수상 이야기』, FKI미디어, 2004.

_____, 『위기의 한국경제 시장경제가 돌파구다 – 국제비교를 통해본 한국경제의 과제와 방향』, 월간조선사, 2005.

_____, 『대처리즘: 자유시장경제의 위대한 승리 – 구조개혁에 성공한 마거릿 대처 전 영국 수상 이야기』(개정판), FKI미디어, 2005.

_____, 『경제정책의 방향을 돌려라 – 노무현 정부의 반反시장정책, 비판과 대안』, 자유기업원, 2006.

_____, 『세상을 움직이는 힘 – 시장경제와 사람 사는 이야기』, 삼영사, 2006.

_____, 『2007 Q&A 시장경제 이야기』, FKI미디어, 2006.

_____, 『노동시장에 대한 규제와 노동시장의 효율성』, 국가경쟁력 연구원, 2007.

고승제, 『마거릿 대처』, 아침나라, 1994.

타카하타 아키오, 이병호 옮김, 『대처 혁명 – 영국은 소생할 것인가』, 아태변협 출판국, 1995.

최양식, 『영국을 바꾼 정부개혁 – 대처에서 토니 블레어까지』, 매일경제신문사, 1998.

김한응, 「금융제도와 자유주의」, 한국 하이에크 소사이어티 편, 『이제는 자유를 말할 때』, 율곡출판사, 2001, pp.68-78.

남성일, 「노동시장과 자유주의」, 한국 하이에크 소사이어티 편, 『이제는 자유를 말할 때』, 율곡출판사, 2001, pp.95-115.

전경련, 「투자활성화를 위한 규제개선 과제」, 2006.9.

한국은행 인사부, 「영국의 금융개혁」, 지역전문가 모임 발간자료 97-1, 1997.3.

노동부, 『노동백서』, 2005.

「동아일보」, 2002.2.18. 2007.5.17.

Friedman, M. & R., *Free to Choose*, Harcourt Brace Jovanovich, 1979. (밀턴 프리드먼·로즈 프리드먼, 민병균·서재명·한홍순 옮김, 『선택할 자유』, 자유기업원, 2003.)

Gardiner, G., *Margaret Thatcher - from Childhood to Prime Minister*, William Kimber & Co. Ltd., 1975. (가드너, 정연권 옮김, 『女首相 대처 – 식료품상의 딸이 대영제국의 재상이 되기까지』, 전예원, 1979.)

Thatcher, M., "On Thatcherism: Its Ideology and Practicies", The Future of Industrial Democracy, The Inchon Memorial Lecture, Korea University, 1992.9.3.~1992.9.4.

_____, *Statecraft*, Harper Collins, 2003. (마거릿 대처, 김승욱 옮김, 『국가경영』, 작가정신, 2003.)

Yergin, D. and Stanislaw, J., *The Commanding Heights*, Simon & Shuster Inc. 1998. (예르긴 외, 주명건 옮김, 『시장 對 국가』, 세종연구원, 1999.)

Gwartney J. and Lawson, R., "Economic Freedom of the World", Annual Report(1996, 1997~2004), Fraser Institute.

Hayek, F., *The Road to Serfdom*, The University of Chicago, 1944.

IMD(각 연도), IMD World Competition Yearbook.

OECD(1990), Progress in Structural Reform, Supplement to OECD Economic Outlook 47.

_____(1998, 2003), Employment Outlook.

_____(1999), Economic Outlook.

UNCTAD(2007), UNCTAD World Investment Report(www.unctad. org/fdi).

마거릿 대처 시장경제로 영국병을 치유하다

펴낸날	초판 1쇄 2007년 9월 1일
	초판 3쇄 2015년 3월 25일

지은이	박동운
펴낸이	심만수
펴낸곳	(주)살림출판사
출판등록	1989년 11월 1일 제9−210호

주소	경기도 파주시 광인사길 30
전화	031−955−1350 팩스 031−624−1356
기획·편집	031−955−4671
홈페이지	http://www.sallimbooks.com
이메일	book@sallimbooks.com

ISBN	978−89−522−0702−9 04080

※ 값은 뒤표지에 있습니다.
※ 잘못 만들어진 책은 구입하신 서점에서 바꾸어 드립니다.

089 커피 이야기

eBook

김성윤(조선일보 기자)

커피는 일상을 영위하는 데 꼭 필요한 현대인의 생필품이 되어 버렸다. 중독성 있는 향, 마실수록 감미로운 쓴맛, 각성효과, 마음의 평화까지 제공하는 커피. 이 책에서 저자는 커피의 발견에 얽힌 이야기를 통해 그 기원을 설명한다. 커피의 문화사뿐만 아니라 커피에 대한 일반적인 정보 및 오해에 대해서도 쉽고 재미있게 소개한다.

021 색채의 상징, 색채의 심리

박영수(테마역사문화연구원 원장)

색채의 상징을 과학적으로 설명한 책. 색채의 이면에 숨어 있는 과학적 원리를 깨우쳐 주고 색채가 인간의 심리에 어떤 작용을 하는지를 여러 가지 분야의 사례를 통해 설명한다. 저자는 색에는 나름대로의 독특한 상징이 숨어 있으며, 성격에 따라 선호하는 색채도 다르다고 말한다.

001 미국의 좌파와 우파

eBook

이주영(건국대 사학과 명예교수)

진보와 보수 세력의 변천사를 통해 미국의 정치와 사회 그리고 문화가 어떻게 형성되고 변해왔는지를 추적한 책. 건국 초기의 자유방임주의가 경제위기의 상황에서 진보-좌파 세력의 득세로 이어진 과정, 민주당과 공화당의 대립과 갈등, '제2의 미국혁명'으로 일컬어지는 극우파의 성장 배경 등이 자연스럽게 서술된다.

002 미국의 정체성 10가지 코드로 미국을 말하다

eBook

김형인(한국외대 연구교수)

개인주의, 자유의 예찬, 평등주의, 법치주의, 다문화주의, 청교도 정신, 개척 정신, 실용주의, 과학·기술에 대한 신뢰, 미래지향성과 직설적 표현 등 10가지 코드를 통해 미국인의 정체성과 신념을 추적한 책. 미국인의 가치관과 정신이 어떠한 과정을 통해서 형성되고 변천되어 왔는지를 보여 준다.

058 중국의 문화코드

강진석(한국외대 연구교수)

중국의 핵심적인 문화코드를 통해 중국인의 과거와 현재, 문명의 형성 배경과 다양한 문화 양상을 조명한 책. 이 책은 중국인의 대표적인 기질이 어떠한 역사적 맥락에서 형성되었는지 주목한다. 또한, 구체적이고 실제적인 여러 사물과 사례를 중심으로 중국인의 사유방식에 대해 설명해 주고 있다.

057 중국의 정체성 `eBook`

강준영(한국외대 중국어과 교수)

중국, 중국인을 우리는 과연 어떻게 이해해야 하나? 우리 겨레의 역사와 직·간접적으로 끊임없이 영향을 주고받은 중국, 그러면서도 아직까지 그들의 속내를 자신 있게 말할 수 없는, 한편으로는 신비스럽고, 한편으로는 종잡을 수 없는 중국인에 대한 정체성을 명쾌하게 정리한 책.

015 오리엔탈리즘의 역사 `eBook`

정진농(부산대 영문과 교수)

동양인에 대한 서양인의 오만한 사고와 의식에 준엄한 항의를 했던 에드워드 사이드의 오리엔탈리즘. 이 책은 에드워드 사이드의 이론 해설에 머무르지 않고 진정한 오리엔탈리즘의 출발점과 그 과정, 그리고 현재와 미래의 조망까지 아우른다. 또한 오리엔탈리즘이 사이드가 발굴해 낸 새로운 개념이 결코 아님을 역설한다.

186 일본의 정체성 `eBook`

김필동(세명대 일어일문학과 교수)

일본인의 의식세계와 오늘의 일본을 만든 정신과 문화 등을 소개한 책. 일본인을 지배하는 이데올로기는 무엇이고 어떤 특징을 가지는지, 일본을 주목해야 하는 이유는 무엇인지 등이 서술된다. 일본인 행동양식의 특징과 토착적인 사상, 일본사회의 문화적 전통의 실체에 대한 분석을 통해 일본의 정체성을 체계적으로 살펴보고 있다.

261 노블레스 오블리주 세상을 비추는 기부의 역사

예종석(한양대 경영학과 교수)

프랑스어로 '높은 사회적 신분에 상응하는 도덕적 의무'를 뜻하는 노블레스 오블리주. 고대 그리스부터 현대까지 이어지고 있는 노블레스 오블리주의 역사 및 미국과 우리나라의 기부 문화를 살펴보고, 새로운 시대정신으로 노블레스 오블리주를 부활시킬 수 있는 가능성을 모색해 본다.

396 치명적인 금융위기, 왜 유독 대한민국인가 eBook

오형규(한국경제신문 논설위원)

이 책은 전 세계적인 금융 리스크의 증가 현상을 살펴보는 동시에 유달리 위기에 취약한 대한민국 경제의 문제를 진단한다. 금융안정망 구축 방안과 같은 실용적인 경제정책에서부터 개개인이 기억해야 할 대비법까지 제시해 주는 이 책을 통해 현대사회의 뉴노멀이 되어 버린 금융위기에서 살아남는 방법을 확인해 보자.

400 불안사회 대한민국, 복지가 해답인가 eBook

신광영 (중앙대 사회학과 교수)

대한민국 사회의 미래를 위해서 복지는 선택이 아니라 필수라고 말하는 책. 이를 위해 경제 위기, 사회해체, 저출산 고령화, 공동체 붕괴 등 불안사회 대한민국이 안고 있는 수많은 리스크를 진단한다. 저자는 사회적 위험에 대응하기 위한 복지 제도야말로 국민 모두의 삶의 질을 높일 수 있는 길이라는 것을 역설한다.

380 기후변화 이야기 eBook

이유진(녹색연합 기후에너지 정책위원)

이 책은 기후변화라는 위기의 시대를 살면서 우리가 알아야 할 기본지식을 소개한다. 저자는 기후변화와 관련된 핵심 쟁점들을 모두 정리하는 동시에 우리가 행동해야 할 실천적인 대안을 제시한다. 이를 통해 독자들은 기후변화 시대를 사는 우리가 무엇을 해야 할 것인지에 대하여 생각해 볼 수 있을 것이다.

사회 · 문화

001 미국의 좌파와 우파 | 이주영
002 미국의 정체성 | 김형인 eBook
003 마이너리티 역사 | 손영호
004 두 얼굴을 가진 하나님 | 김형인
005 MD | 정욱식 eBook
006 반미 | 김진웅
007 영화로 보는 미국 | 김성곤 eBook
008 미국 뒤집어보기 | 장석정
009 미국 문화지도 | 장석정
010 미국 메모랜덤 | 최성일
015 오리엔탈리즘의 역사 | 정진농
021 색채의 상징, 색채의 심리 | 박영수
028 조폭의 계보 | 방성수
037 마피아의 계보 | 안혁
039 유대인 | 정성호 eBook
048 르 몽드 | 최연구 eBook
057 중국의 정체성 | 강준영 eBook
068 중국의 문화코드 | 강진석
060 화교 | 정성호 eBook
061 중국인의 금기 | 장범성
077 21세기 한국의 문화혁명 | 이정덕 eBook
078 시간으로 보는 한국의 정치변동 | 양길현 eBook
079 미국을 만든 사상들 | 정경희 eBook
080 한반도 시나리오 | 정욱식 eBook
081 미국인의 발견 | 우수근
083 법으로 보는 미국 | 채동배
084 미국 여성사 | 이창신 eBook
089 커피 이야기 | 김성윤 eBook
090 축구의 문화사 | 이은호
098 프랑스 문화와 상상력 | 박기현 eBook
119 올림픽의 숨은 이야기 | 장원재
136 학계의 금기를 찾아서 | 강성민
137 미·중·일 새로운 패권전략 | 우수근
142 크리스마스 | 이영제
160 지중해학 | 박상진
161 동북아시아 비핵지대 | 이삼성 외
186 일본의 정체성 | 김필동 eBook
190 한국과 일본 | 하우봉 eBook
217 문화콘텐츠란 무엇인가 | 최연구 eBook
222 자살 | 이진홍 eBook
223 성, 억압과 진보의 역사 | 윤가현 eBook
224 아파트의 문화사 | 박철수 eBook
227 한국 축구 발전사 | 김성원 eBook
228 월드컵의 위대한 전설들 | 서준형
229 월드컵의 강국들 | 심재희

231 일본의 이중권력 쇼군과 천황 | 다카시로 고이치
235 20대의 정체성 | 정성호 eBook
236 중년의 사회학 | 정성호 eBook
237 인권 | 차병직 eBook
238 헌법재판 이야기 | 오호택 eBook
248 탈식민주의에 대한 성찰 | 박종성 eBook
261 노블레스 오블리주 | 예종석
262 미국인의 탄생 | 김진웅
279 한국인의 관계심리학 | 권수영
282 사르트르와 보부아르의 계약결혼 | 변광배 eBook
284 동유럽의 민족 분쟁 | 김철민
288 한미 FTA 후 직업의 미래 | 김준성 eBook
299 이케다 하야토 | 권혁기
300 박정희 | 김성진 eBook
301 리콴유 | 김성진
302 덩샤오핑 | 박형기 eBook
303 마거릿 대처 | 박동운 eBook
304 로널드 레이건 | 김형곤 eBook
305 셰이크 모하메드 | 최진영
306 유엔사무총장 | 김정태
312 글로벌 리더 | 백형찬
320 대통령의 탄생 | 조지형
321 대통령의 퇴임 이후 | 김형곤
322 미국의 대통령 선거 | 윤용희
323 프랑스 대통령 이야기 | 최연구
328 베이징 | 조창완
329 상하이 | 김윤희
330 홍콩 | 유영하
331 중화경제의 리더들 | 박형기
332 중국의 엘리트 | 주장환
333 중국의 소수민족 | 정재남
334 중국을 이해하는 9가지 관점 | 우수근
344 보수와 진보의 정신분석 | 김용신 eBook
345 저작권 | 김기태
357 미국의 총기 문화 | 손영호
358 표트르 대제 | 박지배
359 조지 워싱턴 | 김형곤
360 나폴레옹 | 서정복
361 비스마르크 | 김장수
362 모택동 | 김승일
363 러시아의 정체성 | 기연수
364 너는 시방 위험한 로봇이다 | 오은
365 발레리나를 꿈꾼 로봇 | 김선혁
366 로봇 선생님 가라사대 | 안동근
367 로봇 디자인의 숨겨진 규칙 | 구신애

368 로봇을 향한 열정, 일본 애니메이션 | 안병욱
378 데킬라 이야기 | 최명호
380 기후변화 이야기 | 이유진 eBook
385 이슬람 율법 | 공일주
390 법원 이야기 | 오호택 eBook
391 명예훼손이란 무엇인가 | 안상운
392 사법권의 독립 | 조지형
393 피해자학 강의 | 장규원 eBook
394 정보공개란 무엇인가 | 안상운
396 치명적인 금융위기, 왜 유독 대한민국인가 | 오형규 eBook
397 지방자치단체, 돈이 새고 있다 | 최인욱 eBook
398 스마트 위험사회가 온다 | 민경식 eBook
399 한반도 대재난, 대책은 있는가 | 이정직 eBook
400 불안사회 대한민국, 복지가 해답인가 | 신광영 eBook
401 21세기 대한민국 대외전략: 낭만적 평화란 없다 | 김기수 eBook
402 보이지 않는 위협, 종북주의 | 류현수 eBook
403 우리 헌법 이야기 | 오호택 eBook
405 문화생활과 문화주택 | 김용범 eBook
406 미래 주거의 대안 | 김세용·이재준 eBook
407 개방과 폐쇄의 딜레마, 북한의 이중적 경제 | 남성욱·정유석 eBook
408 연극과 영화를 통해 본 북한 사회 | 민병욱 eBook
409 먹기 위한 개방, 살기 위한 핵외교 | 김충환 eBook
410 북한 정권 붕괴 가능성과 대비 | 전경주 eBook
411 북한을 움직이는 힘, 군부의 패권경쟁 | 이영훈 eBook
412 인민의 천국에서 벌어지는 인권유린 | 허만호 eBook
428 역사로 본 중국음식 | 신계숙 eBook
429 일본요리의 역사 | 박병학 eBook
430 한국의 음식문화 | 도현신 eBook
431 프랑스 음식문화 | 민혜련 eBook
438 개헌 이야기 | 오호택
443 국제 난민 이야기 | 김철민
447 브랜드를 알면 자동차가 보인다 | 김흥식 eBook
473 NLL을 말하다 | 이상철 eBook

(주)살림출판사
www.sallimbooks.com
주소 경기도 파주시 문발동 522-1 | 전화 031-955-1350 | 팩스 031-955-1355